O DIREITO DE DEFESA

A tutela jurídica da liberdade na perspectiva da defesa penal efetiva

Conselho Editorial
André Luís Callegari
Carlos Alberto Molinaro
César Landa Arroyo
Daniel Francisco Mitidiero
Darci Guimarães Ribeiro
Draiton Gonzaga de Souza
Elaine Harzheim Macedo
Eugênio Facchini Neto
Gabrielle Bezerra Sales Sarlet
Giovani Agostini Saavedra
Ingo Wolfgang Sarlet
José Antonio Montilla Martos
Jose Luiz Bolzan de Morais
José Maria Porras Ramirez
José Maria Rosa Tesheiner
Leandro Paulsen
Lenio Luiz Streck
Miguel Àngel Presno Linera
Paulo Antônio Caliendo Velloso da Silveira
Paulo Mota Pinto

Dados Internacionais de Catalogação na Publicação (CIP)

F312d   Feldens, Luciano.
         O direito de defesa : a tutela jurídica da liberdade na perspectiva da defesa penal efetiva / Luciano Feldens. – Porto Alegre : Livraria do Advogado, 2021
         200 p. ; 21 cm.
         Inclui bibliografia.
         ISBN 978-65-86017-20-5

         1. Direito de defesa - Basil. 2. Defesa (Processo penal) - Brasil. 3. Tutela jurídica da liberdade. 4. Defesa penal efetiva. 5. Liberdade. I. Título.

CDU 343.131.5(81)

Índice para catálogo sistemático:
1. Direito de defesa : Brasil   343.131.5(81)

(Bibliotecária responsável: Sabrina Leal Araujo – CRB 8/10213)

Luciano Feldens

O DIREITO DE DEFESA

A tutela jurídica da liberdade na perspectiva da defesa penal efetiva

Porto Alegre, 2021

© Luciano Feldens, 2021

Capa, projeto gráfico e diagramação
Livraria do Advogado Editora

Revisão
Rosane Marques Borba

Direitos desta edição reservados por
Livraria do Advogado Editora
Rua Riachuelo, 1334 s/105
90010-273 Porto Alegre RS
Fone: (51) 3225-3311
livraria@doadvogado.com.br
www.livrariadoadvogado.com.br

Impresso no Brasil / Printed in Brazil

Agradecimentos

Este texto corresponde à versão nacionalizada da monografia de Pós-Doutoramento apresentada perante o Centro de Estudos de Direitos Humanos da Faculdade de Direito da Universidade de Coimbra, sob a orientação do Professor J. J. Gomes Canotilho, a quem registro meu especial agradecimento.

Aos Professores da Faculdade de Direito da Universidade de Coimbra Rui Cunha Martins e Jónatas Machado, e a meus colegas dessa jornada acadêmica, especialmente a Antônio Sérgio A. de Moraes Pitombo, Guilherme de Moraes Nostre e Juliano Breda.

A Eduardo Dalla Rosa Diettrich, pela revisão crítica do texto; a Rubens Hofmeister Neto e Eduardo Sanz, pelas contribuições aportadas, e aos colegas do Feldens Madruga.

Aos Defensores Públicos – cuja atuação vem progressivamente aportando o *equilíbrio possível* no ambiente do processo penal – e a todos aqueles que provejam assistência jurídico-penal em contextos desafiadores, acostumados a ouvir, repetidamente, de familiares, amigos e das pessoas em geral: – *How can you represent those people?* (SMITH, Abbe; FREEDMAN, Monroe. *How Can You Represent Those People?*, New York: Palgrave MacMillan, 2013)

Para Marina e Leonardo. E para Débora.
Com resiliência, estamos superando a pandemia.
Com ciência, superaremos a pós-verdade.

Sumário

Introdução..13

1. O direito de defesa hoje: realidades e perspectivas......................17
   1.1. Os direitos fundamentais entre tribunais e mesas de bar.........17
   1.2. Retomando o caminho: três premissas da proteção jurídica
       da liberdade...20
       1.2.1. Direitos e poder: os direitos não são "relativos"............22
       1.2.2. Pessoa e Estado: a precedência da dignidade humana.....26
       1.2.3. Liberdade e segurança: a subsidiariedade da ação
            estatal..28

2. O direito à defesa penal efetiva: contornos conceituais.................31
   2.1. O que é defesa penal efetiva...31
       2.1.1. Defesa..32
       2.1.2. Defesa penal...33
       2.1.3. Defesa penal efetiva..34
   2.2. O que não é defesa penal efetiva..35
       2.2.1. Defesa restringida (defesa aquém do direito)................36
       2.2.2. Defesa deficiente (defesa abaixo do direito)..................38
       2.2.3. Defesa excessiva (defesa além do direito)?....................40

3. O direito de defesa na Constituição..47
   3.1. Estrutura normativa..47
       3.1.1. Direito à defesa (ao advogado)......................................47
       3.1.2. Direito de defesa..48
       3.1.3. Direitos do advogado...49
   3.2. Características normativas..50
       3.2.1. Aplicabilidade direta e tutela judicial efetiva...............50
       3.2.2. Proteção do núcleo essencial e configuração legal........52
       3.2.3. (In)disponibilidade ou (Ir)renunciabilidade..................53

3.3. Funções normativas..58
  3.3.1. Função de defesa (dever de respeito).........................58
  3.3.2. Função de prestação jurídica (dever de proteção)..........59
  3.3.3. Função de prestação material (dever de assistência).......64
4. **O direito de defesa em ação: áreas de proteção**.....................67
  4.1. Direito à defesa (ao advogado)......................................68
    4.1.1. Defesa desde a investigação criminal........................72
    4.1.2. Defesa independentemente da condição atribuída ao indivíduo..74
    4.1.3. Defesa perante qualquer órgão de Estado....................78
  4.2. Direito de Defesa...80
    4.2.1. Direito de ser informado de seus direitos...................80
    4.2.2. Direito ao silêncio e à não autoincriminação................85
    4.2.3. Direito de comunicação livre e reservada com o defensor...91
    4.2.4. Direito à ciência prévia e pormenorizada da acusação....94
    4.2.5. Direito a um processo sem dilações indevidas..............99
    4.2.6. Direito ao tempo adequado e necessário à preparação da defesa...103
    4.2.7. Direito de presença e direito de ausência...................106
    4.2.8. Direito ao contraditório..111
      4.2.8.1. Conceito: contraditório como reação...................111
      4.2.8.2. Sujeitos...111
      4.2.8.3. Objeto..112
      4.2.8.4. Contraditório na Dinâmica Processual..............114
        a) Resposta à acusação...................................114
        b) Audiência..118
        c) Requerimentos e diligências.........................119
        d) Alegações finais (memoriais).......................119
      4.2.8.5. Investigação defensiva voltada a contradizer a acusação..121
    4.2.9. Direitos de autodefesa...124
      4.2.9.1. Direito de falar em defesa própria (interrogatório)...125
      4.2.9.2. Direito de ação..127
      4.2.9.3. Direito de recurso.....................................128
      4.2.9.4. Direito de petição.....................................128
    4.2.10. Direito de influência na decisão judicial..................129
  4.3. Direitos do advogado (prerrogativas profissionais)...............132
    4.3.1. Direito à liberdade profissional e dever de independência..134

4.3.2. Direito à inviolabilidade..........139
  4.3.2.1. Inviolabilidade pessoal (imunidade profissional)..........141
  4.3.2.2. Inviolabilidade do escritório, dos meios de trabalho e das comunicações..........145
4.3.3. Direito de acesso amplo à investigação ou ação penal..151
  4.3.3.1. Marco normativo..........151
  4.3.3.2. Diligência em andamento x análise em andamento de diligência exaurida..........154
  4.3.3.3. Acesso independentemente da condição formal de investigado..........157
  4.3.3.4. Acesso prévio e amplo..........158
4.3.4. Direito de livre ingresso em repartição judicial ou de outro serviço público..........163
4.3.5. Direito de audiência com magistrados e membros do MP..........165
4.3.6. Direito à questão de ordem..........167
4.3.7. Direito de sigilo (recusa a prestar depoimento)..........168
4.3.8. Direito a tratamento equânime a juízes e membros do MP..........169

5. O direito de defesa em xeque: defesa deficiente x defesa efetiva....171

5.1. A deficiência na prestação defensiva: o "teste do espelho" e os "milhares de anos perdidos"..........171
5.2. A Súmula 523 do Supremo Tribunal Federal..........176
  5.2.1. A tolerância judicial com a defesa deficiente..........177
  5.2.2. A exigência da demonstração de prejuízo e a indeterminação de critérios para sua aferição..........181
  5.2.3. A sujeição do acusado sub-representado ao ônus de comprovar o prejuízo..........186
5.3. Caminhos para a consolidação do direito à defesa penal efetiva..........188

Síntese conclusiva..........193

Referências bibliográficas..........197

Introdução

Apenas uma defesa amplamente assegurada e diligentemente executada se poderia normativamente enquadrar como efetiva. Esse *standard* de realização reivindicado pelos direitos fundamentais em geral, quando associado à defesa penal, encontra duas ameaças:

(i) o Estado, por meio de seus agentes, no que promovam restrições ilegítimas à defesa;

(ii) o próprio advogado, no que revele, no exercício da prestação defensiva, uma atuação deficiente, abaixo do que exijam a deontologia profissional e as circunstâncias do caso.

Enquanto a primeira ameaça se apresenta de modo generalizado – tendo-se feito especialmente notar, mais recentemente, em casos de acentuada exposição midiática –, a segunda afeta essencialmente assistidos pobres, destituídos da condição de eleger seu defensor ou não alcançados pela atuação da Defensoria Pública. Em ambas as situações, o Estado – especialmente o Poder Judiciário – tem um papel decisivo a cumprir. Tendo presentes as diretrizes constitucionais que estruturam o direito e a configuração legal que desenha seu perímetro, compete aos juízes, em última análise, dar-lhe eficácia real, assegurando sua concretização em obediência às funções normativas – de defesa (respeito) e prestação (proteção) – que emanam de sua posição jusfundamental.

Com essa perspectiva de abordagem, o trabalho poderia assumir formas diferentes e uma ordenação capitular também distinta. Considerando, entretanto, o ambiente discursivo-interpretativo a que sujeitos os direitos individuais na atualidade, sobretudo os que associados ao processo penal, optamos por inicialmente problematizar o que nos parece sejam as premissas discursivas para a reidratação do direito de defesa, em ordem a recuperar sua capacidade normativa como autêntico direito fundamental (Capítulo 1).

Sequencialmente, buscamos configurar aquilo que compreendemos como o *estado de coisas* a ser promovido: o direito a uma *defesa penal efetiva*, único padrão de concretização do direito compatível com sua identidade constitucional (Capítulo 2). Substanciamos esse delineamento conceitual enfocando a estrutura constitucional do direito de defesa, suas características e funções normativas (Capítulo 3), e analisamos as diversas posições jurídicas que perfazem o âmbito de proteção do direito de defesa, considerados os meios e recursos a ele inerentes (Capítulo 4).

Encerramos o texto com um capítulo dedicado ao tratamento da defesa deficiente, um dramático problema que atinge milhares de brasileiros, os quais, sem acesso a uma defesa efetiva, tampouco fazem chegar essa pretensão aos tribunais. Como repercutiremos, são *milhares de anos perdidos* mediante o cumprimento de penas injustamente aplicadas a acusados deficientemente defendidos. Para enfrentarmos essa realidade a partir daquilo que os tribunais podem oferecer de imediato, propomos a revisão da Súmula 523 do Supremo Tribunal Federal (STF), um modelo normativo pré-constitucional que exige, para o reconhecimento da vulneração ao direito de defesa, a demonstração de efetivo prejuízo decorrente da constatada deficiência na prestação defensiva, atribuindo ao sub-representado o ônus de prová-lo – tudo isso sem que a própria jurisprudência de STF tenha clareza na determinação do que seja *prejuízo* para tais efeitos (Capítulo 5).

Este texto foi projetado para estudantes, iniciantes e iniciados. Acalento, porém, alguma esperança de que sua tonalidade crítica, apresentada à base de dados e casos concretos, possa estimular uma reflexão por parte dos agentes de Estado que, em seu dia a dia, estão a lidar com um valor tão fundamental: a liberdade, aqui relacionada à capacidade *real* de o indivíduo defender-se diante de um Estado que eventualmente o oprime e eventualmente o desampara – quando não as duas coisas.

Com essas linhas, pretendo homenagear a resiliente família do Sr. A. – e de tantos outros *pretos de tão pobres e pobres de tão pretos*[1] –, morto após ser absolvido pelo Tribunal do Júri em comarca do interior do Rio Grande do Sul, isso depois de mais de três anos preso preventivamente.[2]

---

[1] Expressão contextual e simbolicamente utilizada por Reinaldo Azevedo, em comentário crítico à execução de políticas de segurança pública que acabam apontando sua ação a grupos vulneráveis. Disponível em: <https://reinaldoazevedo.blogosfera.uol.com.br/2019/08/13/o-e-da-coisa-pretos-de-tao-pobres-e-pobres-de-tao-pretos-executados-no-rio/>. Adaptação, também, da letra de *Haiti*, de Caetano Veloso.

[2] O Sr. A. foi defendido, no Plenário do Júri, pelo Serviço Universitário de Prática Jurídica da Unisinos (Prasjur), sob a orientação da professora Débora Poeta.

1. O direito de defesa hoje: realidades e perspectivas

1.1. Os direitos fundamentais entre tribunais e mesas de bar

Os direitos fundamentais – notabilizando-se, nessa categoria normativa, o direito de defesa – passam por um momento estranho no Brasil, dentro e fora dos tribunais. Isso já leva algum tempo e parece ter-se cronificado nos últimos anos, a partir da eclosão de investigações criminais em série, envolvendo episódios de corrupção em diversas áreas do relacionamento público-privado.

Afora o que revelavam de conteúdo, essas investigações se caracterizavam por uma identidade de procedimento: ações policiais ostensivas, com prisões e outras medidas restritivas decretadas em larga escala, expressiva publicidade e elevado grau de personificação das autoridades públicas encarregadas – do juiz ao carcereiro.

O recurso à linguagem simbólica também se apresentaria como técnica de alavancagem das investigações: ao serem batizadas com o substantivo "Operação", seguido de alguma designação insinuante (*v.g.*, Operação *Chacal*, Operação *Satiagraha*, Operação *Ouro Verde*, Operação *Lava-Jato*, Operação *Colheita Maldita*, etc.), projetavam sobre os investigados uma carga adicional de negatividade.

A isso se seguiria a utilização de metáforas bélicas que pareciam replicar um "estado de guerra"; vimos, nessa linhagem de atuação estatal, (i) a instituição de "forças-tarefas", (ii) o incremento do discurso de "combate" ao crime e (iii) e a designação dos sujeitos atingidos como "alvos" da "operação". Tudo sob o olhar de todos – de familiares de atingidos a juízes, passando pelos inebriados telespectadores.

Na lógica dos objetivos perseguidos, seria bem-sucedida a estratégia de publicidade: levava-se para fora dos tribunais indícios de crimes apontados como graves para, em efeito *bumerangue*, devolvê-los ao próprio Poder Judiciário, agora com o temperamento dado pelo "clamor social", claramente impactado pela repercussão midiática das operações. Essa metodologia funcionaria como uma espécie de código de persuasão, um catalisador da atenção social para a qual parcela do Poder Judiciário não se mostraria indiferente.

Decerto, não passou despercebida pela comunidade jurídica a entrevista do presidente do STF ao assumir o posto em 2020, enfatizando que *"a Corte deve se ajustar ao sentimento constitucional do povo"*,[3] um conjunto de palavras que, em perspectiva histórica, expressam mais do que boas intenções;[4] à margem da perplexidade gerada em segmentos do meio jurídico, a frase abriu expectativas sobre alguma espécie de interpretação constitucional *popularmente orientada*[5] – algo como um *julgar pelas consequências* (MacCormick).

---

[3] Revista Veja, 11 de setembro de 2020. Disponível em: <https://veja.abril.com.br/paginas-amarelas/nada-justifica-derrubar-a-lava-jato-diz-luiz-fux/>.

[4] Pavimentando o caminho do nacional-socialismo, a Lei de 28 de junho de 1935 modificou o texto do § 2º do Código Penal do *Reich*, conferindo-lhe a seguinte redação: "Será castigado aquele que cometa um fato que a lei declara punível ou que mereça castigo segundo o conceito básico de uma lei penal e segundo o *são sentimento do povo* (*gesundes Volksempfinden*). Essa lei esclarece, logo em sua exposição de motivos, que seu objetivo é o de "adaptar o Direito penal ao espírito do novo Estado". Claro estava que, em última análise, a dúvida quanto ao sentido da lei se resolveria em favor do sentimento que emanasse da carga compreensiva do *Führer*.

[5] A se apostar naquilo que o discurso prenuncia, trazemos a advertência de Yascha Mounk: em momentos de crise, juízes que estejam *isolados* da vontade do popular são mais capazes de proteger as minorias vulneráveis e fazer frente às tentativas de tomada do poder por déspotas. MOUNK, Yascha, *O Povo Contra a Democracia*, São Paulo: Companhia das Letras, 2019. Por outro lado, a se investir naquilo que a frase pode, efetivamente, ter significado, cabe o recurso a

É aqui, precisamente, que se localiza o epicentro do problema. Analisadas no atacado, essas investigações mais recentes revelaram um conteúdo fático relevante, indicativo de crimes praticados em diversos níveis da administração e dos poderes públicos – aí incluídos o Ministério Público, o Legislativo e o Judiciário. Essa circunstância, porém, é irrelevante para a discussão que ora se apresenta, porquanto a gravidade dos fatos sob investigação não autoriza o Estado a "relativizar" a carga normativa que emana dos direitos fundamentais (direito de defesa, à imagem, à presunção de inocência etc.), cuja concretização deve-se afirmar independentemente da natureza das questões penais implicadas e de eventuais desejos que a população – ou parte dela – venha a manifestar.

Entretanto, ao passo em que os casos penais inundavam a imprensa, com massiva reverberação nas redes sociais, o debate em torno dos direitos individuais ganhava novas arenas, estendendo-se até mesmo às mesas de bar. Apenas a título de exemplo, lembremo-nos dos acirrados debates em torno da "prisão em segunda instância" (direito à presunção de inocência) e do quanto essa disputa – que espelhava a polarização que divide a sociedade – repercutiu na oscilante jurisprudência do STF; consequentemente, no perímetro de nossa liberdade individual, sobretudo daqueles concretamente sujeitos à jurisdição dos tribunais.

Paralelamente, difundiu-se uma campanha junto à população pela "relativização" de direitos, sendo expressão desse movimento a apresentação de projetos de alteração legislativa – suportados por milhares de CPFs – tendentes a restringir o *habeas corpus* e a admitir circunstancialmente o uso de provas ilícitas. Essa tendência se apresentava sob a verbalizada justificativa de um excesso de direitos individuais conducente a um estado de impunidade. Algo de aparentemente paradoxal havia nesse discurso: se as

---

Zagrebelski: "O povo não era o ator, mas apenas uma peça do tabuleiro, mesmo iludido de ser o protagonista principal. Este é justamente o uso instrumental da democracia." ZAGREBELSKI, Gustavo, *A Crucificação e a Democracia*, São Paulo: Saraiva, 2010.

investigações renderam o que renderam supostamente sem qualquer arranhão à legalidade, não seria necessário redimensionar-se os direitos individuais para "combater a impunidade".

Seja como for, encorajadas por esse panorama no qual o conteúdo dos direitos fundamentais era colocado em xeque, manifestações de grupos entoando o discurso punitivista fizeram lembrar cenários distópicos. No ambiente virtual, *likes* passaram a ser massivamente contabilizados como índice de apoio social às "operações", jogando uma enorme pressão sobre os juízes. O próprio Supremo – que já estava dividido pelo avanço da interpretação consequencialista[6] – figuraria como alvo de ameaças de uma massa inflamada; novamente com apelo à simbologia, fogos de artifício foram disparados contra o prédio-sede do Tribunal,[7] e alguns de seus ministros foram entrincheirados e escrachados em ambientes públicos em razão de votos que proferiram.

Nesse ambiente conflagrado, tenso e beligerante, tornou-se mais difícil decidir – e ainda mais difícil *defender*.[8] Em momentos assim, anormais, a doutrina recobra sua importância tanto diagnóstica quanto terapêutica.

1.2. Retomando o caminho: três premissas da proteção jurídica da liberdade

Apresentamos, a seguir, três premissas que figuram como pressupostos jurídico-filosóficos (*topoi*) da discussão

---

[6] Com precisão, Humberto Ávila identificou e classificou modelos de comportamento decisório (ou estratégias argumentativas, conforme se perceba) que se revelam hostis à força normativa dos direitos fundamentais, injetando, no processo de decisão, uma acentuada carga moral e individualista, tais, entre outros, o consequencialismo, o populismo e o idealismo. ÁVILA, Humberto, *Constituição, Liberdade e Interpretação*, São Paulo: Malheiros, 2019.

[7] Conforme a matéria: "Grupo ofendeu integrantes da Corte e, em tom de ameaça, perguntou se ministros tinham 'entendido o recado'". Disponível em: <https://g1.globo.com/politica/noticia/2020/06/14/grupo-de-apoiadores-de-bolsonaro-lanca-fogos-de-artificio-contra-o-predio-do-stf.ghtml>.

[8] É irrecusável perceber que investigações que cruzaram a linha da legalidade receberam, em diversos momentos, o beneplácito da interpretação consequencialista, em detrimento do conteúdo normativo dos direitos fundamentais.

trazida ao longo do texto. Cada uma delas está historicamente justificada e fundamentada pela concepção de Estado que a estrutura: o Estado de Direito. De modo que será o bastante enunciá-las, com breve indicação de seu contexto operacional, relacionado à função de orientação da atividade interpretativa, em ordem a conferir maior estabilidade – logo, segurança – na aplicação do Direito.

Desde já, assumimos que, diante da plurissignificação dos textos legais,[9] nos guiaremos pela concepção voltada à máxima efetividade do direito individual,[10] atribuindo primazia àquela que se revela mais favorável à pessoa (interpretação conforme os direitos fundamentais).[11] A fixação desse

---

[9] A palavra *texto* é aqui utilizada na senda distintiva que se traça entre texto – ou enunciado ou dispositivo legal – e *norma*, compreendida esta como o resultado da interpretação do texto; o sentido que a interpretação imprime ao texto. GUASTINI, *Le Fonti del Diritto e L`Interpretazione*, Milano: Giuffrè, 1993; GUASTINI, Riccardo, *Das Fontes às Normas*, São Paulo: Quartier Latin, 2005; GUASTINI, Ricardo, *Interpretar y Argumentar*, Madrid: Centro de Estudios Políticos y Constiucionales, 2017.

[10] Conforme Canotilho, a uma norma constitucional deve ser atribuído o sentido que maior eficácia lhe dê; no caso de dúvida, deve preferir-se a interpretação que reconheça *maior eficácia aos direitos fundamentais*. CANOTILHO, J.J, *Gomes. Direito Constitucional e Teoria da Constituição*, 7. ed. Coimbra: Almedina, 2003, p. 1224. CANOTILHO, J.J. Gomes; MOREIRA, Vital, *Constituição da República Portuguesa Anotada*, v. 1, São Paulo: Revista dos Tribunais, 2007, p. 409. Conforme Jorge Miranda, a vinculação dos tribunais aos preceitos constitucionais sobre direitos, liberdades e garantias traduz-se na interpretação, na integração e na aplicação de modo a conferir-lhes a máxima eficácia possível dentro do sistema jurídico. MIRANDA, Jorge, *Manual de Direito Constitucional – Tomo IV – Direitos Fundamentais*, Coimbra: Coimbra, 2000, p. 320.

[11] "(...) A NORMA MAIS FAVORÁVEL COMO CRITÉRIO QUE DEVE REGER A INTERPRETAÇÃO DO PODER JUDICIÁRIO. (...) – Os magistrados e Tribunais, no exercício de sua atividade interpretativa, especialmente no âmbito dos tratados internacionais de direitos humanos, devem observar um princípio hermenêutico básico (tal como aquele proclamado no Artigo 29 da Convenção Americana de Direitos Humanos), consistente em atribuir primazia à norma que se revele mais favorável à pessoa humana, em ordem a dispensar-lhe a mais ampla proteção jurídica. – O Poder Judiciário, nesse processo hermenêutico que prestigia o critério da norma mais favorável (que tanto pode ser aquela prevista no tratado internacional como a que se acha positivada no próprio direito interno do Estado), deverá extrair a máxima eficácia das declarações internacionais e das proclamações constitucionais de direitos, como forma de viabilizar o acesso dos indivíduos e dos grupos sociais, notadamente os mais vulneráveis, a sistemas institucionalizados de proteção aos direitos fundamentais da pessoa humana, sob pena de a liberdade, a tolerância e o respeito à alteridade humana tornarem-se palavras vãs." (...) STF – HC 94.450, Rel. Min. Celso de Mello, j. 23/09/2008.

ponto de partida objetiva restaurar a densidade do discurso dos direitos, em larga medida afetado por manejos conceituais inconsistentes, produzidos em torno de categorias jurídicas centrais como *poder, segurança* e *Estado*, ofuscando seus designativos correlatos: *direitos, liberdade* e *indivíduo*.

1.2.1. Direitos e poder: os direitos não são "relativos"

A relação de contraste entre o poder e os direitos precisa ser adequadamente compreendida. A prática jurídica tem contabilizado frequentes distorções de sentido acerca do que essas categorias representam uma frente à outra. Palavras têm força, e a manipulação da linguagem permite tanto camuflar um problema como criar uma solução falaciosa, o que é especialmente preocupante quando o que está em questão é a liberdade individual.[12]

Um exemplo marcante desse desajuste ocorre quando se pretende promover uma intervenção em direitos individuais no âmbito do processo (*v.g.*, quebra de sigilo bancário, interceptação telefônica, busca e apreensão domiciliar, prisão). Requerimentos e decisões com essa finalidade comumente iniciam com uma consideração, entoada como *mantra*, de que *"direitos não são absolutos"*. Por superficial inferência, segue-se para a premissa menor: *"logo, os direitos são relativos"*. E o sofisma se completa na seguinte sentença: diante do exposto, *"o direito à intimidade e da liberdade individual não pode sobrepor-se ao interesse coletivo"*.[13]

---

[12] A mera *nominalização* – *v.g.*, invocação à teoria do domínio do fato, à margem de discussão acerca de sua função dogmática – tem servido como *álibi argumentativo* precisamente onde, aqui e ali, claudica o fundamento jurídico da decisão. Do mesmo gênero de inconsistência jurídica, numa espécie de "direito criativo", surgiram expressões como "garantismo social" – ou algo similar. E passaram a circular de boca em boca, com o imodesto objetivo de se apresentarem como uma suposta "complementação" à teoria dos direitos fundamentais. Efetivamente – em paráfrase a *Kirchmann* – três ou quatro palavras do burocrata desafiam bibliotecas inteiras.

[13] Acórdão de Tribunal de Justiça, retratada do AgREx 761.109-STF, Rel. Min. Carmen Lúcia, j. 1º/08/2013, trazido a título de exemplo, dentre tantos outros que carregam o mesmo sentido decisório.

Há várias impropriedades no diminuto percurso linguístico acima narrado. Em primeiro lugar, porque a justificação (fundamentação) se coloca, em termos de restrições a direitos fundamentais, como elemento central de legitimação do ato estatal. Onde não exista uma fundamentação concreta – pautada em lei – para a intervenção do Estado na área de proteção do direito, tem-se uma violação ao direito; um ato de arbítrio.

Em segundo – e para este momento o mais importante –, porque o que não é *absoluto* é o poder do Estado. É dessa premissa que se deve partir. É o poder que primariamente passa a encontrar seus limites nos direitos individuais, e não o contrário. Os direitos nascem com as *Revoluções* precisamente com essa missão: conter o poder absoluto. E a noção de Constituição que prevalecerá no mundo ilustrado, conformando o modelo de Estado que emerge como consequência da Independência dos Estados Unidos e da Revolução Francesa, não será a de limitação do poder por razões de *eficácia*, mas de *preservação da liberdade*.[14]

Decerto, a emancipação do homem diante do modelo absolutista de poder vem materializada na Declaração dos Direitos do Homem e do Cidadão, assumida pela França a 26 de agosto de 1789: *A sociedade em que não esteja assegurada a garantia dos direitos nem estabelecida a separação dos poderes não tem Constituição*. Assim surgia a concepção de Constituição como instrumento, a um só tempo, de instituição de direitos e de limitação jurídica (controle) do poder.

Desse realinhamento copernicano nas relações Estado-indivíduo não resulta que os direitos sejam ilimitados. Aliás, a afirmação de que não existem direitos ilimitados aparece como um dogma repetidamente utilizado pela doutrina e pela jurisprudência. Se com isso se quer afirmar que ao amparo dos direitos seus titulares não podem

---

[14] ARAGÓN REYES, Manuel, *Estudios de Derecho Constitucional*. Madrid: Centro de Estúdios Políticos y Constitucionales, 1998, p. 147.

realizar qualquer coisa que lhes ocorra, a afirmação é óbvia;[15] entretanto, se o que se pretende é afirmar que aqueles direitos que a Constituição nos reconhece podem ser cerceados pelo legislador – ou, esticando a corda, pelo juiz – a coisa não resulta tão clara.[16] Trata-se, aqui, de um problema de definição de espaços de proteção do direito (sobretudo, do núcleo essencial) atrelado à identificação dos condicionamentos impostos ao legislador, cuja atuação há de transitar entre *obrigações* e *proibições* que a Constituição lhe impõe e *autorizações* que – explícita ou implicitamente – lhe concede.

Por exemplo, no trato da proteção da vida privada (hipótese normativa afetada no caso acima apontado), a própria Constituição tratou de indicar que "é inviolável o sigilo da correspondência e das comunicações telegráficas, de dados e das comunicações telefônicas, *salvo*, no último caso, *por ordem judicial, nas hipóteses e na forma que a lei estabelecer* para fins de investigação criminal ou instrução processual penal" (art. 5°, XII). Ou seja, a intervenção no âmbito do direito fundamental depende de lei autorizativa e de fundamentação idônea que contemple todos os pressupostos de legalidade e necessidade concreta da medida, sem o que será reputada como ilegítima.[17]

Preservados em seu conteúdo essencial, os direitos fundamentais – pelo menos em regra[18] – comportam mar-

---

[15] Nesse contexto, parcela da doutrina constitucional explora o que seriam os limites *imanentes* do direito, relacionados a uma constatação, ainda em nível abstrato, de que determinada forma aparente de exercício do direito não seria, em caso algum, legítima (matar e roubar, por exemplo, não estão incluídos no âmbito de proteção das liberdades). VIEIRA DE ANDRADE, José Carlos. *Os Direitos Fundamentais na Constituição Portuguesa de 1976*. 5. ed. Coimbra: Almedina, 2012, p. 268.

[16] PRIETO SANCHÍS, Luis, *Justicia Constitucional y Derechos Fundamentales*, Madrid: Trotta, 2003.

[17] Esses condicionamentos legislativos demarcam a área de proteção dos direitos, e se repetem ao longo do art. 5° da CF: "a lei penal não retroagirá, *salvo* para beneficiar o réu" (XL); "ninguém será considerado culpado até o trânsito em julgado de sentença penal condenatória" (LVII); "ninguém será preso senão em flagrante delito ou por ordem escrita e fundamentada de autoridade judiciária competente" (LXI).

[18] Não é o propósito abrir o ponto aqui, porém claramente há manifestações de direitos que não poderiam, em qualquer caso, sofrer restrição. Pensemos na li-

gens de restrição determinadas ou determináveis por força da totalidade do quadro normativo da Constituição, e sempre pautadas em lei.[19] Há de se alavancar, aqui, a normatividade do art. 5º, II, da Constituição, claro em assegurar que "ninguém será obrigado a fazer ou deixar de fazer alguma coisa senão em *virtude de lei*".[20]

E assim voltamos ao ponto de origem: da possibilidade jurídica de que os direitos comportem limitações não decorre a conclusão de que os direitos sejam "relativos", no sentido de *removíveis* diante de um genérico "interesse público" que se lhes anteponha.

Primeiramente, porque o interesse público, enquanto categoria, é algo abstrato, que necessita ser demonstrado nas concretas circunstâncias em que se postula a restrição ao direito individual.

Em segundo lugar, porque a intervenção no âmbito de proteção do direito deve superar o teste de restringibilidade, a depender: (i) de lei *válida* que preveja a medida restritiva (reserva legal); (ii) de um *procedimento* formalmente instaurado, sujeito a escrutínio judicial (devido processo legal), e (iii) de *fundamentação idônea*, correspondente a uma decisão judicial que, examinando o fato em sua especificidade, justifique, concretamente, a restrição como medida adequada, necessária e proporcional.

Esse itinerário de justificação é imprescindível para determinar não apenas *se* é o caso de intervir no direito

---

berdade de pensamento ou mesmo na legalidade penal. Ou no direito a não ser discriminado em razão de cor. Ou no direito a não sofrer tratos desumanos e degradantes. Ou no próprio direito ao silêncio, que o STF já anotou como direito de "valor absoluto" (STF – HC 68929, Rel. Min. Celso de Mello, j. 22/10/1991).

[19] A Declaração dos Direitos do Homem e do Cidadão (1789) tratou de estabelecer que "a liberdade consiste em poder fazer tudo que não prejudique o próximo: assim, o exercício dos direitos naturais de cada homem não tem por limites senão aqueles que asseguram aos outros membros da sociedade o gozo dos mesmos direitos. Estes limites apenas podem ser determinados pela lei" (Art. 4º).

[20] Na precisa expressão (metafórica) de Luís Greco, em alentado estudo introdutório à obra de Wolter, o art. 5º, II, da CF é um "verdadeiro gigante adormecido", um dispositivo do qual ainda não retiramos toda potencialidade normativa. WOLTER, Jürgen, *O Inviolável e o Intocável no Direito Processual Penal* (tradução Luís Greco, Alaor Leite e Eduardo Viana), Marcial Pons.

fundamental, mas também para definir o *quanto* de intervenção – em extensão e profundidade – será admissível, uma vez que o direito fundamental não está sujeito à devassa.

Por fim, cabe acentuar: ao contrário do que insinuam diversas decisões, no marco do constitucionalismo moderno o Estado não possui, propriamente, *direitos*. O Estado detém *poder* – ou melhor, *poderes* (competências);[21] poderes esses que são constitucionalmente limitados pelos direitos.

Resumidamente, restrições judiciais a direitos fundamentais são admissíveis, estando sujeitas, porém, a um intenso percurso argumentativo. Isso parece o bastante para afastarmos a utilização retórica – e superficial – do discurso de "relativização" dos direitos fundamentais, algo tão estranho e *naif* quanto o perigo de sua consequência lógica: a reabsolutização do poder.

1.2.2. Pessoa e Estado: a precedência da dignidade humana

Como reação ao poder total, mais precisamente ao desprezo à condição humana manifestada pelo regime nacional-socialista, a Lei Fundamental da Alemanha (1949) abre com a proclamação da *intangibilidade* da dignidade humana,[22] fórmula jurídico-política que assentaria as bases de uma sociedade em reconstrução, influenciando o constitucionalismo ocidental a partir do segundo pós-guerra.

Desde então, o Tribunal Constitucional da Alemanha foi diversas vezes chamado a preservar a cláusula da dignidade humana diante de ameaças a sua integridade. Talvez nunca com a dimensão de significado verificada no

---

[21] Os poderes do Estado não são "o poder do Estado", enquanto capacidade de impor sua vontade. O problema do poder do Estado pertence ao âmbito da Teoria Política; o dos *poderes do Estado,* ao direito constitucional. LLORENTE, Rubio, *A Forma do Poder,* Vol. II, 3ª ed., Madrid: Centro de Estudios Políticos y Constitucionales, 2012.

[22] Artigo 1 (...) 1. A dignidade da pessoa humana é *intangível*. Respeitá-la e protegê-la é obrigação de todo o poder público.

caso da denominada Lei de Segurança de Aviação (*Luftsicherheitsgesetz*, de 11 de janeiro de 2005). Aprovada sob os influxos do *11 de setembro de 2001*, a lei autorizaria as forças armadas a abater aviões de passageiros que se tivessem transformado em instrumentos de ataque, em situação similar à ocorrida no atentado ao *World Trade Center*.

A despeito das fortes razões de Estado que motivaram a edição da lei, o *Bundesverfassungsgericht* fez vingar a cláusula da dignidade humana frente ao Parlamento, assentando que a obrigação de respeitá-la e protegê-la impede tornar as pessoas um mero objeto da ação estatal. De modo que resultaria proibido, por antonomásia, todo e qualquer tratamento da pessoa pelo poder público que ponha em dúvida seu *status* como sujeito de direitos.[23] Como sintetiza Habermas, é impossível não ouvir nessas palavras do Tribunal o eco do imperativo categórico de Kant.[24]

Trazendo o debate para o ambiente do processo, tem-se como violadora da dignidade humana a adoção de medidas restritivas de direitos sob fundamentos ou com objetivos diversos daqueles estritamente previstos em lei. Logo, é manifestamente ilegítima a constrição da liberdade da pessoa com o propósito – jamais confessado – de atemorizá-la, seja para extrair-lhe a confissão, seja para estimulá-la a colaborar com a autoridade pública. Sobre ser prática ilegal, medida instituída com esse objetivo estaria se predispondo a regredir o espaço de resistência do indivíduo, transformando-o, ele próprio, em meio (instrumento) à consecução dos fins perseguidos pelo Estado (pensemos no exemplo da condução coercitiva, da forma como foi usada no contexto de operações policiais, prática apenas interrompida com a decisão do STF nas ADPFs 395 e 444).

---

[23] "[A]o dispor unilateralmente das vidas por razões de Estado, é negado (...) aos passageiros aéreos o valor atinente ao ser humano em si". BVerfGe 357/05, 15/02/2006.

[24] HABERMAS, Jürgen, *O Conceito de Dignidade Humana – Um Ensaio Sobre a Constituição da Europa*. Edições 70: Lisboa, 2012, p. 29. KANT, Immanuel. *Fundamentação da Metafísica dos Costumes*, 1785 (diversas edições).

Em resumo, esteia-se na própria *condição humana* (dignidade) a repetida concepção segundo a qual, quando em questão a liberdade pessoal e os valores a ela associados, os fins não justificam a adoção de *quaisquer* meios. A lição que daí se extrai, e que se revela epicêntrica ao estudo ora apresentado, respeitosa com a não instrumentalização do homem, aponta para a precedência da pessoa sobre quaisquer razões de Estado, mesmo que socialmente relevantes.

1.2.3. Liberdade e segurança: a subsidiariedade da ação estatal

Outra forma de exteriorização do discurso repressor se materializa na invocação – genérica – a imperativos de segurança para justificar a limitação das liberdades individuais. Novamente se trata de redefinir o ponto de partida, ou seja, de estruturar o raciocínio *a partir* do valor liberdade, adquirido pelo indivíduo originária e incondicionadamente.

De modo bem claro: em uma sociedade na qual o homem nasce livre, como sujeito de direitos,[25] o que precisa ser justificado não é a liberdade, mas a falta dela; ou seja, as restrições a seu exercício. Assim, na dicotômica relação entre liberdade e segurança, a primeira precede à segunda.

Precisamos ser vigilantes com a autenticidade do argumento: segurança é fundamental para o livre desenvolvimento social; a própria liberdade não subsiste sem determinado grau de segurança. O que estamos sublinhando é que em uma sociedade livre o pensamento jurídico deve encarnar o dogma da subsidiariedade da ação estatal.

Os direitos individuais demarcam uma esfera de liberdade do indivíduo *ilimitada em princípio* e uma possibilidade de ingerência do Estado *limitada por princípio*.[26]

---

[25] Declaração Universal dos Direitos Humanos (ONU, 10/12/1948) – Art. 1º. Todos os seres humanos nascem livres e iguais em dignidade e em direitos (...).

[26] SCHMITT, Carl, *Teoría de la Constitución*. Alianza Editorial: Madrid, 1982, p. 170-171.

Esse é, enfim, o fundamento filosófico de uma sociedade que se constrói de baixo para cima, sintetizada na expressão de Kaufmann: *tanta liberdade quanto possível para cada indivíduo; e tanto Estado quanto necessário*.[27]

Precisamos definir em que modelo de sociedade queremos viver. Condenar culpados pode ser tão necessário quanto respeitar o direito de defesa e o devido processo legal, sendo este o único caminho legítimo para atingir aquele fim. Mas não parece que isso esteja tão claro em dias atuais.

Caberia, então, lembrar: os direitos não são atemporais; nem metafisicamente atribuídos ao indivíduo. Como construção do homem, não estão imunes à destruição. Muito sangue correu nas ruas de Paris para que o poder absoluto fosse fulminado, estabelecendo-se essa inversão de sentido na relação Estado-indivíduo, uma relação que deixa de ser encarada do ponto de vista do poder do soberano, passando a sê-lo sob a perspectiva da liberdade (Bobbio). Esperamos que não tenha sido em vão.

---

[27] KAUFMANN, Arthur, *Filosofia do Direito*, Fundação Calouste Gulbenkian: Lisboa, 2004, p. 332.

2. O direito à defesa penal efetiva: contornos conceituais

2.1. O que é defesa penal efetiva

Sugerir que o exercício de um direito deva-se realizar de modo efetivo será algo redundante apenas se desconsiderarmos o desnivelamento existente entre o reconhecimento de um direito como tal, no plano normativo, e o que seja sua realização em termos concretos. Proclamar um direito é algo distinto de desfrutá-lo efetivamente.[28] Neste tópico, delineamos os elementos conceituais daquilo que compreendemos como o *estado de coisas*[29] a ser promovido: o direito a uma defesa penal *efetiva*, adjetivo a indicar o *standard* constitucionalmente requerido para a realização dos direitos fundamentais em geral. Enquadra-se nessa definição a defesa *amplamente* garantida – isto é, juridicamente assegurada, sem a geração de embaraços pelo Estado – e *diligentemente* executada do ponto de vista da prestação defensiva.

---

[28] O problema central, hoje, em relação aos direitos do homem, não é propriamente justificá-los, mas protegê-los. BOBBIO, Norberto. *A Era dos Direitos*. Rio de Janeiro: Campus, 1992, p. 24. Na observação do professor de Yale Stephen Bright, nenhum direito constitucional é tão celebrado em abstrato e tão pouco observado na realidade como o direito ao advogado. In: YAROSHEFSKY, Ellen. "Duty of outrage: The defense lawyer's obligation to speak truth to power to the prosecutor and the court when the criminal system is injust". In: *Hofstra Law Review*, n. 44, v. 4, 2016.

[29] A expressão "Estado de Coisas" (*state of affairs*) é utilizada para expressar a maneira como as coisas são (*way things are*), nos termos do dicionário de filosofia da Universidade de Cambridge. AUDI, R. *The Cambridge Dictionary of Philosophy*. 2. ed. Cambridge University Press, 1999, p. 171.

2.1.1. Defesa

Naturalisticamente, a termo *defesa* (do latim, *defensa*) consiste na oposição a um perigo de dano (*ofensa*), compreendendo-se como reação a uma agressão. Defender-se é oferecer resistência. A finalidade de uma defesa é, portanto, paralisar, neutralizar, impor dificuldades ao adversário, torná-lo inofensivo.[30] Nessa perspectiva, ainda prévia a qualquer configuração jurídica, a defesa é um impulso vital, que objetiva o estado de permanência frente às ações contrárias que pretendem alterá-lo, enfeixando, assim, uma ordem de significados aplicáveis a todos os domínios da vida, decorrente do mais elementar instinto do homem: o instinto de sobrevivência.[31]

No âmbito normativo, invoca-se a terminologia *defesa* em perspectivas bastante diversas, que vão desde as ações de defesa pessoal (art. 25 do CP) à defesa da ordem constitucional e do regime democrático (art. 5°, XLIV, da CF), o que já se denominou *defesa penal da Constituição*.[32] Textualmente, a Constituição Federal utiliza-a nos planos (i) político-principiológico,[33] (ii) administrativo-institucional[34] e,

---

[30] BOBBIO, Norberto. *Teoria Geral da Política*. Rio de Janeiro: Editora Campus, 2000, p. 264.

[31] CAROCCA PÉREZ, Alex. *Garantía Constitucional de la Defensa Procesal*. Barcelona: J.M. Bosch Editor, 1998, p. 13.

[32] STERN, Klaus. *Derecho del Estado de la República Federal Alemana*. Madrid: Centro de Estudios Políticos y Constitucionales, 1987, p. 390.

[33] Termo "defesa" no plano político-principiológico: a *defesa* da paz, como princípio reitor das relações internacionais do País (art. 4°, VI); a *defesa* do consumidor e do meio ambiente como princípios da atividade econômica (art. 170);

[34] Expressão "defesa" no plano administrativo-institucional: instituição do cargo de Ministro de Estado de *Defesa* (art. 12, VII), definição da *defesa* nacional como competência administrativa da União (art. 21, III), (c) previsão do estado de *defesa* (art. 21, V), a promoção da *defesa* contra calamidades públicas (art. 21, XVIII), a *defesa* territorial, aeroespacial, marítima e a defesa civil como competência legislativa da União (art. 22, XXVIII); a *defesa* da saúde como competência legislativa da União e dos Estados (art. 24, XII); a instituição do Conselho de *Defesa* Nacional, competindo-lhe o acompanhamento de iniciativas necessárias a garantir a *defesa* do Estado democrático (art. 91); a *defesa* da ordem jurídica como atribuição do Ministério Público (art. 127) e a *defesa* dos direitos individuais e coletivos aos necessitados, como atribuição da Defensoria Pública (art. 134).

naquilo que nos interessa diretamente, (iii) dos direitos e garantias individuais.[35]

Eis, aqui, nosso primeiro recorte temático: problematizaremos a defesa como *direito fundamental*[36] estruturado para a tutela jurídica da liberdade e dos direitos individuais coimplicados (art. 5º, LV, da CF).

2.1.2. Defesa penal

Mais precisamente, o direito de defesa é aqui analisado no ambiente temático das ciências criminais, no que tem como objeto primordial de proteção a liberdade individual. Nessa relação Estado-indivíduo, vertente do âmbito jurídico-penal, também são afetadas posições jusfundamentais diversas, como o patrimônio, a imagem, a intimidade e a honra, além da própria dignidade humana (art. 5º, *caput*, e art. 1º, III, da CF). Contingencialmente, essa defesa poderá se mostrar referível à pessoa jurídica, direta ou indiretamente impactada pelas medidas adotadas na persecução penal.

Embora seja costume associar a expressão *defesa penal* a movimentos processuais de resistência ou contrariedade à ação do Estado, o âmbito de incidência do *direito*

---

[35] Expressão "defesa" no plano dos direitos e garantias individuais: a *defesa* plena na instituição do júri (art. 5º, XXXVIII); a ampla *defesa* em processo judicial ou administrativo (art. 5º, LV); a ampla *defesa* como garantia em procedimentos administativos diversos (art. 93, 103-B, III, 128, § 5º, "b", 130-A, § 2º, III, 247, parágrafo único); a *defesa* de direitos contra a ilegalidade ou abuso de poder por meio do direito de petição aos poderes públicos (art. 5º, XXXIV, "a") e (e) a *defesa* da intimidade mediante a restrição da publicidade dos atos processuais (art. 5º, LX).

[36] Estabelecidas as potencialidades normativas do direito de defesa, seu enquadramento como direito e/ou garantia não é, para este trabalho, objeto de relevante exploração teórica. O direito de defesa, ao tempo em que envolve um conjunto de garantias processuais, está, nos termos da Constituição, a serviço da liberdade, que também é um direito individual. Daí que, do ponto de vista constitucional, a função assecuratória ou instrumental não é, em si, um elemento decisivo para situar a defesa em uma ou outra categoria. Este tema – embora não necessariamente sob a mesma perspectiva – é pontualmente abordado em MOURA, Maria Thereza Rocha de Assis; BASTOS, Cleunice A. Valentim, "Defesa Penal: Direito ou Garantia", *Revista Brasileira de Ciências Criminais*, ano 1, n. 4, out-dez. 1993, p. 117.

de defesa não se limita às situações de litígio processual em sentido estrito (ação penal). Seu perímetro da ação é mais amplo, alcançando a própria fase investigatória, independentemente da condição que se atribua ao indivíduo (investigado, interessado, indiciado etc.) ou do rótulo atribuído à investigação (investigação criminal, civil, parlamentar). Além disso, a defesa encontra realização até mesmo nos espaços de consenso hoje previstos no processo penal, tais a transação penal e a suspensão condicional do processo (Lei 9.099/95), o acordo de não persecução penal (art. 28-A do CPP), e a colaboração premiada (Lei 12.850/13), etc.

2.1.3. Defesa penal efetiva

Efetividade, em direito, se pode traduzir pela concretização da norma jurídica para além de sua dimensão formal,[37] considerada a capacidade do ordenamento jurídico de assegurar sua realização.[38] Essa noção de efetividade do direito de defesa enquanto norma jurídica não guarda relação – pelo menos, não uma relação direta – com a ideia de efetividade enquanto avaliação positiva sobre o desempenho da defesa à vista de um resultado processual favorável. São análises completamente dissociáveis, ainda que potencial e circunstancialmente complementares.

Nesses termos, a agregação do adjetivo *efetivo* ao direito de defesa no âmbito jurídico-penal busca conferir-lhe um parâmetro de promoção compatível com sua carga normativa, o qual reclama, em termos concretos, uma ação defensiva *real, material,* e não apenas retórica e formal. Na síntese de Scarance, "além de necessária, indeclinável,

---

[37] BARROSO, Luís Roberto. *O Direito Constitucional e a Efetividade de Suas Normas*. 9. ed. Rio de Janeiro: Renovar, 2009, p. 82; REALE, Miguel, *Lições Preliminares de Direito*, São Paulo: José Bushatsky Editor, 1973, p. 135. KELSEN, Hans. *Teoria Pura do Direito*. 2. ed. São Paulo: Martins Fontes, 1987, p. 11.
[38] VIEIRA DE ANDRADE, José Carlos. *Os Direitos Fundamentais na Constituição Portuguesa de 1976*. 5. ed. Coimbra: Almedina, 2012, p. 192.

plena, a defesa deve ser efetiva, não sendo suficiente a aparência de defesa".[39] É como se expressa o Tribunal Europeu de Direitos Humanos (TEDH), cuja jurisprudência é enfática no sentido de que o direito de defesa não deve ser compreendido como algo "teórico ou ilusório, mas sim concreto e efetivo".[40]

Em síntese, a defesa penal efetiva – assim compreendida a tutela jurídica da liberdade e dos direitos a ela associados no processo penal (art. 5º, LV, da CF) – pressupõe, enquanto padrão constitucionalmente exigível de concretização da norma jusfundamental, a ampla disponibilização e o efetivo aproveitamento (em sentido formal *e material*) dos meios e recursos adequados e necessários ao exercício do direito, e a asseguração jurídica dessas condicionantes a partir de um comportamento estatal (judicial) deferente com as funções de defesa (respeito) e prestação (proteção) que emanam do direito fundamental.

2.2. O que não é defesa penal efetiva

Ainda em nível de delineamento conceitual, destacamos três situações que se podem considerar à margem desse almejado *standard* de concretização do direito de defesa. E estão dele afastados na medida em que colidem com (defesa restringida), colocam em xeque (defesa deficiente) ou exacerbam (defesa excessiva) o âmbito de proteção do direito de defesa.

---

[39] Prossegue Scarance: "O fato de ter o réu defensor constituído ou ter sido nomeado advogado para a sua defesa não é suficiente. É preciso que se perceba, no processo, atividade efetiva do advogado no sentido de assistir o acusado. De que adiantaria defensor designado que não arrolasse testemunhas, não reperguntasse, oferecesse alegações finais exageradamente sucintas, sem análise da prova (...) Haveria, aí, alguém designado para defender o acusado, mas a sua atuação seria tão deficiente que é como se não houvesse defensor". FERNANDES, Antônio Scarance.*Processo Penal Constitucional*. São Paulo: RT, 2002, p. 273-274.
[40] TEDH – Artico *v.* Itália, j. 13/05/1980.

2.2.1. Defesa restringida *(defesa aquém do direito)*

A defesa não se terá por efetiva se encontrar obstáculos que impeçam ou dificultem seu exercício em termos ideais. Trata-se, aqui, de alguma restrição ao direito atribuível ao Estado. Como sentenciou o STF, respeita-se o princípio constitucional do direito de defesa quando se enseja ao acusado "o seu exercício em plenitude, sem a ocorrência de quaisquer restrições ou obstáculos, ilegitimamente criados pelo Estado" (STF – HC 68.171, Rel. Min. Celso de Mello, j. 13/11/1990).

As barreiras impostas ao regular exercício do direito decorrem, em um considerável número de vezes, de interpretações inspiradas por alguma espécie de *propósito eficientista estatal*, no curso da investigação ou da ação penal. Não se nega que reduzindo os direitos de informação e reação do investigado as "chances de ganho" do Estado são maiores. A questão é que no Estado de Direito essa equação não é uma equação válida.

Apenas a título de exemplo, uma das maiores dificuldades enfrentadas pelos advogados, ainda hoje em dia, diz respeito a algo banal, que não deveria suscitar qualquer problema jurídico: o acesso à totalidade dos elementos de prova produzidos pelo Estado. Chega a ser comum a *leitura invertida* da própria Súmula Vinculante 14 do STF[41] para se denegar à defesa aquilo que a norma garante: o exame dos autos da investigação. Para isso, considera-se: (i) que o indivíduo requerente "não é formalmente investigado" (formalidade que eventualmente sequer se pode comprovar, à qual o verbete tampouco alude); (ii) que a produção cartorária (confecção de relatórios, perícias, análises de material apreendido na investigação) se qualifica como "diligência em andamento", em ordem a impedir, ainda que momentaneamente, o acesso pela defesa; (iii) que "o

---

[41] SV 14 – STF: É direito do defensor, no interesse do representado, ter acesso amplo aos elementos de prova que, já documentados em procedimento investigatório realizado por órgão com competência de polícia judiciária, digam respeito ao exercício do direito de defesa.

direito à intimidade" dos demais investigados haveria de ser protegido pela autoridade policial(!), que assim estaria impedida de fornecer acesso integral à defesa de documentos apreendidos em posse de terceiros, embora o tenham sido no mesmo contexto investigatório.

Relacionado a este ponto, a prática jurídica também contabiliza um universo considerável de situações – sobretudo nas denominadas operações policiais (*megaprocessos*) – em que os autos da investigação são divididos em anexos, apensos, etc., que acabam ficando invisíveis à defesa, na medida em que se lhes atribui um sigilo seletivo. Essa situação acaba gerando embaraço à defesa, que desconhece a extensão da investigação; verifica-se fratura ao tratamento isonômico, que já deveria se observar em uma fase procedimental na qual os elementos de provas já estão incorporados aos autos. Ao passo em que à defesa se defere um acesso setorizado, a acusação conhece a totalidade da investigação.

Logicamente, se o intuito é o de manter a defesa marginalizada do acesso aos elementos de provas já documentados, nunca faltarão especulações no sentido de que tais elementos poderão engatilhar o aprofundamento da investigação com a adoção de novas medidas futuras, motivo pelo qual deveriam se considerar englobadas pelo sigilo. Outra vez: esse não é um raciocínio válido sob as vigentes normas jurídico-constitucionais. Sua *nuance* autoritária deve ser judicialmente sindicada.

Da prática jurídica também se recolhem pronunciamentos judiciais que ignoram, obliquamente, os argumentos defensivos, sem autenticamente enfrentá-los. Nesse particular, é recorrente, na ação penal, a utilização de linguagem padronizada para rejeitar, sem apreciação dedicada, os tópicos lançados pela defesa em resposta à acusação (art. 396-A do CPP). É corriqueiramente utilizado o argumento de que as matérias levantadas pela defesa nessa fase "se confundem com o mérito da causa", de sorte que apenas poderiam ser examinados após o transcurso da instrução criminal. Seja como for, deve o juiz, por força de lei, fundamentar a rejeição do pedido defensivo, pelo menos em ordem a propiciar a alavancagem da instância recursal.

Outro ambiente de potencial restrição à intervenção defensiva é a audiência. Na colheita da prova oral, o juiz detém um poder irreversível instantaneamente. Daí que, para não incorrer em restrições indevidas ao direito, o indeferimento de questões assinaladas pela defesa no exame cruzado de testemunhas deve ser juridicamente seguro e parcimonioso.[42] A mesma lógica vale na apreciação de requerimentos a na anexação de elementos probatórios pela defesa. Obstaculizar essa atividade requer um nível de fundamentação compatível com a gravidade da restrição imposta, não sendo o bastante um juízo de irrelevância ou impertinência manifestado abstratamente pelo juiz, especialmente porque não será o único a julgar a causa, haja vista as possibilidades recursais.[43]

Eventual restrição à defesa, pautada na preservação de relevante interesse público, deve ser respeitosa com o âmbito de proteção do direito, encontrar fundamentação legal e revelar-se comprovadamente adequada e necessária, em decisão concretamente fundamentada.

2.2.2. Defesa deficiente (defesa abaixo do direito)

A defesa criminal requer do advogado preparo técnico, muita preparação e um especial cuidado com a causa em si, da qual depende o futuro do cliente. Esses substantivos comportam, é verdade, um subjetivo grau de verificação. Como praticamente em todos os domínios da vida, há os que se contentam com um esforço meramente ordinário. Com algum conteúdo de sorte, acabam retirando da profissão o que necessitam para seu sustento. Aqui

---

[42] CPP – Art. 212. As perguntas serão formuladas pelas partes diretamente à testemunha, não admitindo o juiz aquelas que puderem induzir a resposta, não tiverem relação com a causa ou importarem na repetição de outra já respondida.

[43] CPP – Art. 400 (...) § 1º As provas serão produzidas numa só audiência, podendo o juiz indeferir as consideradas irrelevantes, impertinentes ou protelatórias.

não se trata, propriamente, de criticar aqueles que assim se determinam diante de seus clientes. Do ponto de vista individual, trata-se de uma opção que o mercado, provavelmente, saberá retribuir. O ponto aqui é outro: o advogado não tem direito a exercer uma representação defensiva de modo inábil, precário ou pouco cuidadoso. Como indica o art. 2º da Lei 8.906/94 (Estatuto da Advocacia), no seu ministério privado, o advogado "presta serviço público e exerce função social", estando sujeito, portanto, a normas deontológicas que apontam em sentido contrário.

Decerto, há um limiar mínimo de eficiência na prestação defensiva, abaixo do qual já não se poderia falar em regular exercício do direito de defesa. Assim, hipótese representativa de déficit do direito ocorre quando o profissional incumbido desperdiça oportunidades processuais, atuando de forma negligente ou manifestando despreparo técnico, diminuindo, consequentemente, as chances de um resultado favorável ao assistido.[44] Nesta situação, o primeiro obstáculo à efetividade do direito situa-se na própria atuação do advogado – no que é secundado pelo juiz, ante eventual omissão na reparação da lesão ao direito (abaixo, 3.2.2 – *dever de proteção*).

A Lei 8.906/94 (Estatuto da Advocacia), ao tempo em que explicita a indispensabilidade do advogado (art. 2º), o faz no sentido da responsabilidade funcional que pesa sobre o profissional ao assumir a representação do assistido: "no processo judicial, o advogado contribui, na postulação de decisão favorável ao seu constituinte, ao convencimento do julgador" (art. 2º, § 2º).

Interagindo com a lei, o Código de Ética e Disciplina da OAB dispõe que o advogado deve "empenhar-se na defesa das causas confiadas ao seu patrocínio, dando ao constituinte o amparo do Direito", empenho que também deve ser dedicado, permanentemente, "no aperfei-

---

[44] MALAN, Diogo Rudge. "Defesa Penal Efetiva". In: NUCCI, Guilherme de Souza; MOURA, Maria Thereza Rocha de Assis (Coord.). *Doutrinas Essenciais – Processo Penal*. Volume I. São Paulo: RT, 2012, p. 81.

çoamento pessoal e profissional" do próprio advogado (art. 2º, parágrafo único, IV). Também estabelece que "ao atuar como defensor nomeado, conveniado ou dativo, o advogado empregará o zelo e a dedicação habituais, de forma que a parte por ele assistida se sinta amparada e confie no seu patrocínio" (art. 30), devendo observar "a boa técnica jurídica" (art. 28). Ainda nessa perspectiva, deve o advogado auxiliar o cliente para que não adentre em aventura jurídica ou lides temerárias (art. 2º, parágrafo único, VII, VIII).

Esses deveres de *empenho, técnica* e *diligência (zelo)* afiguram-se como parâmetros deontológicos da advocacia, funcionando como elementos para o circunstancial reconhecimento do que denominaremos *defesa deficiente*, apta a gerar a nulidade do processo (Súmula 523 do STF). Esse ponto é central ao texto e merecerá detida análise mais adiante (Capítulo 5).

2.2.3. Defesa excessiva (defesa além do direito)?

A Constituição garante o contraditório e a ampla defesa com os meios e recursos a ela *inerentes*, e não a ela estranhos (art. 5º, LV, da CF). De modo que estão fora do espectro de proteção do direito fundamental – não se lhes podendo enquadrar, portanto, nos limites conceituais da defesa penal efetiva – os atos que, embora praticados sob o signo da defesa, e a pretexto de sua efetividade, transgridam a deontologia profissional, constituindo-se como ações ilícitas, não asseguradas juridicamente (defesa *além* do direito).

Trata-se, aqui, de uma discussão que se relaciona com eventuais limites ao exercício do direito, ultrapassados os quais haveria situação de excesso, quando então já não estaríamos situados no espaço de ação juridicamente protegido pelo direito de defesa, mas para além dele. Embora, como alertamos em caráter introdutório, o estudo sobre a área de abrangência de um direito não se inicie por seus limites ou restrições, mas por aquilo que o direito tem a oferecer em termos de proteção jurídica, claro deve estar que em nome da ampla defesa não se pode tudo realizar.

A advocacia é atividade profissional com significativo nível de regulação, por onde passa o enfrentamento dessa questão. Além da Constituição, que situa a advocacia dentre as funções essenciais à Justiça, as principais normas vetoriais que disciplinam a atuação dos advogados são a Lei 8.906/94 (Estatuto da Advocacia) e o Código de Ética e Disciplina da OAB.[45]

Observadas essas balizas, a defesa está autorizada, no âmbito de sua *liberdade* e *independência* (arts. 7º, I, e 31, § 1º, da Lei 8.906/94), a desenvolver em juízo – ou perante o órgão de investigação – uma atuação estratégica, otimizando as chances de ganho mediante a eleição dos meios e das oportunidades disponíveis pelo sistema processual (*v.g.*, aguardando o momento mais oportuno para a arguição de determinada matéria jurídica, elegendo uma via processual em detrimento de outra igualmente cabível etc.). Isso nada tem de irregular. Ao contrário: as normas de orientação da atividade profissional indicam que o advogado está vinculado, em razão da própria função que exerce, a um *compromisso de parcialidade*, em função do qual está autorizado a desenvolver uma *relação instrumental* com o Direito.[46]

Assim, o que estaria fora do âmbito de proteção do direito de defesa seria aquilo que a doutrina já denominou de utilização *antifuncional* do direito,[47] algo relacionado a uma instrumentalização capciosa das formas jurídicas no objetivo de deteriorar o funcionamento dos órgãos de

---

[45] O Código de Ética da OAB indica que o advogado deve atuar com destemor, independência, honestidade, decoro, veracidade, lealdade, dignidade e boa-fé (art. 2º). Nenhum desses substantivos deve ser interpretado no sentido de desidratar a essência da função de representação que incumbe ao advogado exercer, sobretudo no litígio de natureza criminal.

[46] BARTON, Stephan. *Introducción a la Defensa Penal*. Buenos Aires: Hammurabi, 2015.

[47] HÄBERLE, Peter. *La Garantía del Contenido Esencial de los Derechos Fundamentales*. Madrid: Dyckinson, 2013, p. 12.

Estado.⁴⁸ Definitivamente, o advogado não tem o direito de sabotar o processo.

Aqui não se trata, porém, de absorver, no processo penal, a teoria do abuso de direito tal como reivindicada no plano das relações jurídico-privadas (sobretudo em relação ao direito de propriedade) e comumente regulada pelos códigos civis.⁴⁹ A natureza da relação jurídica, no âmbito penal, é muito distinta: o indivíduo tem contra si nada menos do que o Estado, detentor do poder e do monopólio da força; um Estado que a ele se apresenta de forma aparelhada, por meio de instituições investigadoras e acusadoras, que investem seus esforços na comprovação da hipótese que justificou a deflagração das medidas de persecução.⁵⁰

Nesse tom, a defesa, que já não desfruta dos mesmos meios investigatórios para a produção da prova (ou da contraprova), jamais pode ter receio de desafiar a legalidade da ação estatal. Intervenções defensivas dessa natureza, deduzidas na dialética processual, por nenhum critério podem sofrer censura. Uma coisa é não ter direito a destruir direitos ou exercer atividades para a destruição de direitos; outra é a de institucionalizar a lógica da perda de direitos por utilização abusiva.⁵¹

---

⁴⁸ GIANARIA, Fulvio; MITTONE, Alberto. *O Advogado Necessário*. Lisboa: Almedina, 2007 (Prefácio de Gian Carlo Caselli).

⁴⁹ No Brasil, temos, como exemplos, a desconsideração da personalidade jurídica por abuso relacionado ao desvio de sua finalidade (art. 50 do CC) ou do abuso do poder da condição de acionista controlador (art. 117 da Lei 6.404/76).

⁵⁰ E mais: instituições que não estão sujeitas a qualquer espécie de sucumbência. Ou seja, se perderem, nada perdem de concreto (pensemos não apenas nas medidas pessoais, mas nas cautelares patrimoniais, quando solicitadas em escala estimativa de grandes proporções). Essa é uma grande fonte de iniquidades no ambiente do processo.

⁵¹ CANOTILHO, J.J. Gomes. *Direito...*, p. 462. Apropriada a lição de Canotilho: o sentido que parece razoável atribuir a uma cláusula de proibição do abuso de direito será o que explicitado na Carta dos Direitos Fundamentais da União Europeia, indicativa de que "nenhuma disposição da presente Carta deve ser interpretada no sentido de implicar qualquer direito de exercer actividades ou praticar actos que visem a destruição dos direitos ou liberdades por ela reconhecidos, ou restrições maiores desses direitos e liberdades que as previstas na presente Carta" (artigo 54). Similar dispositivo se encontra no art. 17 da CEDH:

Além disso, uma tal teoria do abuso de direito, vertida ao ambiente jurídico-penal, traria o perigo nada desprezível do incremento descontrolado do poder dos juízes,[52] com o incremento da subjetividade e a geração de um efeito dissuasório na defesa, inconcebível em nosso regime. Como expressam, a respeito, Roxin e Schünemann, o vago critério do abuso não tem lugar no direito processual em sentido estrito, e do ponto de vista do Estado de Direito, é duplamente duvidoso, por ser demasiadamente indeterminado, e, em razão disso, induzir ao abuso. Em suma, as limitações à defesa devem decorrer de lei, não podendo emanar de criação judicial.[53]

Outrossim, mesmo quando decorra de lei, é necessário verificar-se se a restrição estabelecida não entra em rota de colisão com áreas de proteção do direito de defesa. Nesse sentido, um ponto de virtual tensionamento se pode encontrar no denominado crime de "obstrução de justiça". A conduta de *embaraçar investigação criminal* está criminalizada pelo art. 2º, § 1º, da Lei 12.850/13. Resultaria daí alguma limitação à defesa? A resposta a essa questão passa pela compreensão da função que desempenha a Constituição – em essência, os direitos fundamentais – sobre a produção legislativa e interpretativa em matéria penal. E a condição primeira que colhemos dessa relação entre duas ordens normativas – constitucional e penal – é o respeito à Constituição enquanto *limite material* do Direito Penal, sobretudo no que estabelece áreas de interven-

---

"Nenhuma das disposições da presente Convenção se pode interpretar no sentido de implicar para um Estado, grupo ou indivíduo qualquer direito de se dedicar a actividade ou praticar actos em ordem à destruição dos direitos ou liberdades reconhecidos na presente Convenção ou a maiores limitações de tais direitos e liberdades do que as previstas na Convenção".

[52] Nesse sentido, em parte em referência a ROVIRA, José Antonio, El Abuso de Los Derechos Fundamentales; ATIENZA, Manuel; MANERO, Juan Ruiz, *Ilícitos Atípicos*, Madrid: Trotta, 2000, pp. 62-64.

[53] Por essa razão, a jurisprudência entende inaplicável a pena por litigância de má-fé no processo penal. Extensa fundamentação a respeito em: STJ – HC 117.320, Rel. Min. Jane Silva (Desa. Convocada), 6ª Turma, DJe 19/12/2008. Entendimento diverso em: STF – HC 192.814 AgR, Rel. Min. Ricardo Lewandowski, j. 16/11/2020.

ção penal constitucionalmente proibida. Precisamente, os direitos fundamentais cobram, aqui, seu significado como preceitos negativos de competência,[54] impedindo o legislador de invadir espaços de liberdade individual ou coletiva constitucionalmente garantidos.

Decerto, os direitos fundamentais funcionam, em primeira ordem, como limites ao poder, vedando intervenções estatais – executivas, legislativas ou judiciais (interpretativas) – que sujeitem à sanção condutas que componham o âmbito de proteção da norma jusfundamental. Ou seja, comportamentos que se enquadrem no espectro de livre exercício do direito fundamental não estão sujeitos à censura, menos ainda à censura penal.[55] Na hipótese do crime de obstrução de justiça, as atividades legislativa e interpretativa devem estar atentas a essa premissa, pois uma perspectiva expansionista da norma penal incriminadora tenderá, inevitavelmente, a ocupar espaços de liberdade individual reservados ao direito de defesa, em suas diversas formas de manifestação (*v.g.*, direito à não autoincriminação e ações resistentes em si). Sublinhe-se: analisando-se sob a perspectiva do investigado, não colaborar com a Justiça jamais se poderá caracterizar como crime de obstrução de justiça. Por definição, ações de *defesa* – conceitualmente alinhadas a uma postura reativa – não requerem comportamentos colaborativos do investigado, nem de seu defensor, ainda que, sob a perspectiva acusatória, a resistência do investigado possa dificultar a solução do caso penal. E disso não decorre nenhuma ilegalidade.

Resumidamente: comportamentos alicerçados em posições jurídico-fundamentais não estão sujeitos à ilegalização. Toda análise sobre as potencialidades normativas

---

[54] As competências legislativas, administrativas e judiciais encontram seu limite sempre nos direitos fundamentais; estes excluem da competência estatal o âmbito que protegem e, nessa medida, vedam sua intervenção. HESSE, Honrad. *Temas Fundamentais de Direito Constitucional* São Paulo: Saraiva, p. 36.

[55] FELDENS, Luciano; TEIXEIRA, Adriano. *O Crime de Obstrução de Justiça*: alcance e limites do art. 2º, 1º, da Lei 12.850/2013. São Paulo: Marcial Pons, 2020.

do tipo penal em referência deve partir dessa premissa. Ao advogado não é sequer facultado – senão que lhe é exigido – desafiar a legalidade de atos estatais reputados ilegítimos. Aqui entram os postulados de liberdade e independência que fundamentam a ação defensiva (abaixo, 4.3.1).

Nessa linha, o que não se encontra no âmbito do direito – e, portanto, nada tem a ver com a efetividade da defesa – é a ação do acusado ou do defensor que se vale de meios *tipicamente ilícitos* ou que é praticada com finalidades claramente desencontradas de sua função constitucional, cuja relação não se atinge sequer por um juízo abstrato de inferência. A turbação da prova, com a inserção sobre testemunhas para que digam o que não sabem – ou para que digam algo diferente do que sabem – não pode ser admitida como amparada pelo direito de defesa. A produção de documentos ou perícias que alterem situação de fato refogem completamente ao âmbito de proteção do direito. Enfim, excessos tais, praticados *a pretexto de promoção da defesa*, com ela não se confundem. Longe de a ela inerentes, são práticas estranhas à ampla defesa (art. 5º, LV, da CF), não se confundindo, portanto, com a área de proteção do direito de defesa.

3. O direito de defesa na Constituição

A configuração de um direito fundamental – a exemplo do direito de defesa – deve partir de coordenadas constitucionais. É precisamente da Constituição e da dogmática constitucional que se extraem os *elementos constitutivos* essenciais do direito (seu *conteúdo mínimo*), as *funções* que cumpre e os *efeitos* que projeta sobre a totalidade do ordenamento jurídico, notadamente sobre a atuação dos Poderes Públicos que a ele se vinculam mediante uma relação de respeito e proteção.

3.1. Estrutura normativa

O direito de defesa transparece na Constituição como instrumento normativo projetado a assegurar, no âmbito do processo, a liberdade individual, alcançando, por extensão, os direitos correlacionados e potencialmente afetados nessa relação Estado-indivíduo (*v.g.*, a propriedade, a vida privada e a imagem). Em um primeiro nível de decomposição analítica, destacando-se sua estrutura eminentemente constitucional, a defesa se exterioriza sob três fisionomias básicas, dispostas a seguir.

3.1.1. Direito à defesa (ao advogado)

Em primeira ordem, podemos falar de um *direito à defesa*, ou seja, do direito à assistência jurídica, que também podemos designar como *direito ao advogado*:

Art. 5º Todos são iguais perante a lei, sem distinção de qualquer natureza, *garantindo-se* aos brasileiros e aos estrangeiros residentes no País a inviolabilidade do *direito* à vida, *à liberdade*, à igualdade, à segurança e à propriedade, nos termos seguintes:

(...)

LXIII – o preso será informado de seus direitos, entre os quais o de permanecer calado, sendo-lhe assegurada a *assistência* da família e de *advogado*; (...)

A despeito de o texto constitucional referir-se ao *preso*, o direito de assistência de defensor abrange, também e logicamente, o indivíduo solto (STF – HC 82.354, Rel. Min. Sepúlveda Pertence, j. 10/08/2004). Analisaremos o conteúdo desse direito, detalhadamente, mais adiante (3.2.3 e 4.1).

3.1.2. Direito de defesa

Sequencialmente, podemos nos referir ao *direito de defesa*, a compreender as posições jurídicas de defesa propriamente ditas, com os *meios e recursos* a que alude o art. 5º, LV, da Constituição:

Art. 5º (...)

LV – aos litigantes, em processo judicial ou administrativo, e aos acusados em geral são *assegurados* o contraditório e *ampla defesa*, com os meios e recursos a ela inerentes;[56]

Em alinhamento à expressa previsão constitucional do direito à ampla defesa, ainda perfazem o sistema de proteção da liberdade as garantias constitucionais do devido processo legal (art. 5º, LIV, da CF) e da tutela judicial efetiva (art. 5º, XXXV, da CF).

---

[56] No que tange ao Tribunal do Júri: Art. 5º (...) XXXVIII – é reconhecida a instituição do júri, com a organização que lhe der a lei, assegurados: a) a plenitude de defesa; (...)

De forma ainda mais abrangente, costuma-se reconhecer o direito de defesa como expressão da dignidade da pessoa humana[57] (art. 1º, III, da CF), no que também se faz referível à fórmula política do Estado de Direito Democrático (art. 1º, *caput*, da CF), na perspectiva de seu densificado propósito de contenção do poder.

Para além desse percurso constitucional, relevantes posições jurídicas relacionadas à defesa constam na A Convenção Americana sobre Direitos Humanos – Pacto de São José da Costa Rica (1969), promulgado, no Brasil, pelo Decreto 678/1992, no Pacto Internacional Sobre Direitos Civis e Políticos (1966), promulgado, no Brasil, pelo Decreto 592/1992, e na legislação processual geral (CPP) e especial, bem como em diversas disposições de direito internacional, do que cuidaremos pormenorizadamente mais adiante (Capítulo 4).

3.1.3. Direitos do advogado

Por fim, ainda podemos divisar um terceiro espaço de ação, em que o advogado atua em nome do representado, mas exercendo direitos próprios, que estruturam a atividade profissional. Referimo-nos ao uso das prerrogativas da advocacia, cuja base normativa encontra-se constitucionalmente prevista:

> Art. 133. O advogado é indispensável à administração da justiça, sendo inviolável por seus atos e manifestações no exercício da profissão, nos *limites da lei*.

---

[57] Conforme o STF, "o direito de defesa constitui pedra angular do sistema de proteção dos direitos individuais e materializa uma das expressões do postulado da dignidade da pessoa humana. Esse princípio, em sua acepção originária, proíbe a utilização ou transformação do homem em objeto de processos e ações estatais. O Estado está vinculado ao dever de respeito e proteção do indivíduo contra exposição a ofensas ou humilhações". STF – HC 105.298, Rel. Min. Gilmar Mendes, DJ 31/05/2011. Em dogmática constitucional costumamos referir que o elemento central de cada direito fundamental está relacionado aos valores ligados à dignidade humana. VIEIRA DE ANDRADE, José Carlos. *Os Direitos...*, p. 165.

A Lei 8.906/94 (Estatuto da Advocacia) normatiza sobre os *direitos do advogado*, contemplando o chamamento constitucional. De sua vez, o art. 134 traça o perfil da Defensoria Pública como instituição permanente, essencial à Justiça, incumbindo-lhe, fundamentalmente, a orientação jurídica, a promoção dos direitos humanos e a defesa, em todos os graus, judicial e extrajudicial, dos direitos individuais e coletivos, de forma integral e gratuita, aos necessitados (art. 5º, LXXIV, da CF).

3.2. Características normativas

Enquanto direito de base constitucional – e *fundamental* – o direito de defesa investe-se de características que densificam sua capacidade normativa, mostrando-se vinculantes a todos os poderes públicos, que figuram como destinatários imediatos das posições jurídicas atreladas à espécie normativa em questão. Sua força normativa se estenderia, em determinada área, ao próprio titular do direito, destituído do poder de renúncia ao defensor. Vejamos algo mais.

3.2.1. Aplicabilidade direta e tutela judicial efetiva

Os direitos fundamentais *preexistem* ao momento de sua configuração legal (Jiménez Campo), estabelecendo-se como normas *diretamente reguladoras* de relações jurídico-materias e *imediatamente aplicáveis* por força da própria Constituição: "as normas definidoras dos direitos e garantias fundamentais têm aplicação imediata" (art. 5º, § 1º, da CF).

É importante registrar que nem sempre foi assim em todo o lugar. A concepção de que direitos constitucionalmente reconhecidos alicerçam, desde logo, pretensões juridicamente acionáveis – originária ao constitucionalismo norte-americano – apenas vingaria no direito constitucional europeu no segundo pós-guerra. Na expressão de Canotilho, até meados do século XX duvidava-se da vinculatividade e da força obrigatória dos direitos positivados na Constituição. Essas normas eram enfraquecidas na medida em que só ganhavam robustez através de leis de regulamentação desses mesmos direitos: "em termos dogmáticos se dizia que os direitos fundamentais se moviam dentro de uma *reserva de lei*".[58]

Hoje não são mais os direitos fundamentais que se movem na lei (H. Krüger), mas a lei que deve-se mover no âmbito dos direitos fundamentais (Canotilho, Miranda).

Nesse contexto atual de normatividade, a Constituição atribui ao direito um conteúdo mínimo – aquém do qual não mais existe a defesa[59] – que se impõe independentemente de lei que venha a regulá-lo. Extraem-se diretamente da Constituição (art. 5º, LV, da CF), por exemplo: (a) a diretriz de *abrangência objetiva* do direito, que deve ser garantido *amplamente*, afastada qualquer restrição arbitrária – pautada, por exemplo, na inexistência de lei específica; (b) a *abrangência subjetiva*, indicativa de que o direito é garantido aos acusados *em geral*, e (c) o comando de *disponibilização dos meios e recursos* inerentes ao exercício efetivo do direito; aqui, o direito fundamental cobra sua força, seja obrigando o legislador a proporcionar os *meios e recursos* de defesa, seja, em sua falta, impondo-se *ex constitutione*.

Quer-se dizer: à parte de ser um direito sujeito a algum nível de configuração legal, a amplitude (ou plenitude) de defesa, imposta por força da Constituição, dá suporte a manifestações de defesa independentemente de previsões legais específicas. Ao contrário da ação proces-

---

[58] CANOTILHO, J.J. Gomes. *Estudos Sobre Direitos Fundamentais*. 2. ed. Coimbra: Coimbra Editora, 2008, p. 99. Entoando esse registro, Miranda e Medeiros trazem, a título de exemplo, a redação do art. 8º, § 2º, da Constituição alemã de 1933: "leis especiais regularão o exercício da liberdade de expressão do pensamento, do ensino, de reunião e de associação". MIRANDA, Jorge; MEDEIROS, Rui. *Constituição Portuguesa Anotada*. Coimbra: Coimbra, Tomo I, 2010, p. 319.

[59] PONTES DE MIRANDA, Francisco Cavalcanti. *Comentários à Constituição de 1946*. Tomo V, Rio de Janeiro: Borsoi, 1960, p. 316.

sual do Estado-acusação, em princípio limitada pela lei, a manifestação defensiva, para que seja apreciada, prescinde de fórmula legal que a preveja com especificidade (art. 5º, XXXV, da CF). Em termos processuais, há de prevalecer o princípio da *atipicidade procedimental*, conforme o qual o defensor está autorizado a lançar mão de manifestações e requerimentos balizados diretamente na Constituição. Atente-se, a tanto, que os próprios direitos fundamentais (textos) não se enquadram em uma lista cerrada (art. 5º, § 2º, da CF), de modo que não se poderão conceber sob essa condição hipóteses garantidoras de seu exercício; nesse ponto, deve-se particularmente ter em atenção a circunstancial hipossuficiência do acusado, e suas especiais dificuldades de acesso à justiça; resumidamente: são em princípio válidas todas as perspectivas de (re)ação defensiva que não sejam, em si, ilícitas.

3.2.2. Proteção do núcleo essencial e configuração legal

Em perspectiva histórica, sobretudo a partir do segundo pós-guerra, os direitos fundamentais triunfariam como os *pressupostos do consenso*,[60] fixando a base material – e normativa – sobre a qual se estrutura o poder e se edifica a dinâmica social. Nessa perspectiva, os direitos fundamentais estão protegidos da ação do próprio legislador naquilo que constitua seu *núcleo essencial*, assim compreendida aquela zona nuclear de liberdade de ação, juridicamente protegida, sem a qual aquele específico direito perderia sua identidade, não existiria como tal.

Daí dizer-se que os direitos fundamentais são *contramajoritários*, isto é, direitos de *resistência* à própria maioria parlamentar (ao legislador).[61]

---

[60] PEREZ LUÑO, Antonio E. *Los Derechos Fundamentales*. Madrid: Tecnos, 2005.

[61] Em termos de direitos fundamentais, a Constituição proscreve tanto qualquer deferência a favor de um legislador que queira neles visualizar simples diretrizes para sua ação política, como, também, toda a intenção de legislar sobre tais direitos que ignore ou desatenda aquela identidade que a Constituição lhes

Respeitado seu núcleo essencial, porém, os direitos fundamentais admitem conformação legal, sujeitando-se a disposições de ordem regulatória, a fim de organizar seu exercício diante da totalidade do quadro normativo. É o que ocorre em relação ao direito de defesa. Na configuração legal do direito, compete ao legislador estabelecer condições para seu concreto desempenho, orientando sua organização procedimental (*v.g.*, definição de limites temporais, ordenação das fases processuais), porém, sempre garantindo seu efetivo exercício, não podendo, de qualquer modo, desatender sua essência.[62]

3.2.3. (In)disponibilidade ou (Ir)renunciabilidade

Entramos em ponto que mereceria maior densidade discursiva. Parcela da doutrina refere, de modo um tanto geral, sobre uma suposta indisponibilidade dos direitos fundamentais, raciocínio atrelado à premissa de que o elemento central de cada direito estaria relacionado a valores ligados à dignidade humana, intocável por força da Constituição. Essa premissa requereria uma problematização dogmática mais apurada, à vista não apenas da espécie normativa cogitada (*nem todos os direitos fundamentais têm as mesmas características*), como das concretas condições de exercício de determinado direito (*nem sempre o mesmo direito é exercido em condições iguais*). De qualquer modo, também em tom bastante geral, não parece que da premissa em referência se poderia extrair a conclusão de que o indivíduo, ele próprio, não tenha, em alguma medida, o poder de disposição sobre sua esfera de direitos.

Em primeiro lugar, porque atos de *disposição circunstancial* sobre o direito podem ser expressão de seu próprio

---

confere. JIMÉNEZ CAMPO, Javier. *Derechos Fundamentales: concepto y garantias*. Madrid: Trota, 1999, p. 30.

[62] Como cuidou de prescrever o constituinte alemão que "em nenhum caso, um direito fundamental poderá ser violado em sua essência" (art. 19.2 da Lei Fundamental da República Federal da Alemanha).

exercício;[63] ou seja, o não exercício de determinado direito também pode compor, circunstancialmente, seu objeto. Movimentos dessa natureza estão na esfera de decisão individual, compreendendo, ainda, o exercício de outra liberdade: a liberdade de ação ou de escolha. Em definitivo, em nível de especulação teórica se poderia afirmar que não se renuncia à titularidade de um direito, mas a concretas oportunidades de seu exercício.[64]

Em segundo, porque eventualmente teremos, no próprio processo penal situações de colisões de direitos (faculdades processuais), de modo que o exercício de um determinará a renúncia ou exclusão circunstancial ao exercício de outro. Exemplificativamente, ao exercer o direito ao interrogatório, respondendo às perguntas que lhe são dirigidas, o acusado estará renunciando a seu direito ao silêncio. E por aí seguem diversas outras situações que a literatura, com alguma diversidade de critérios, ora tratará como renúncia, disposição ou não exercício do direito.

Em terceiro, porque essa questão ganhou grande interessa em tempos mais atuais, à vista de um cenário jurídico-legal em que a resistência processual já não é o único caminho possível para a proteção dos direitos ameaçados no âmbito da persecução penal (*v.g.*, liberdade, patrimônio, imagem, honra, privacidade). Hoje em dia, são vários os caminhos de consenso no processo penal (transação penal, suspensão condicional do processo, acordo de não persecução penal, colaboração premiada, etc.), de sorte que eventual renúncia ao exercício de determinada postura de defesa (a resistência frontal) pode estar em alinha-

---

[63] Conforme Villaverde, o que possa parecer uma renúncia ao direito fundamental eventualmente não é mais que seu exercício (renunciar a expressar uma opinião também é uma modalidade de liberdade de expressão). VILLAVERDE MENÉNDEZ, Ignacio. "La Renúncia de los Derechos Fundamentales". In: FRUMER, Philippe; VILLAVERDE MENÉNDEZ, Ignacio. *La Renunciabilidad de los Derechos Fundamentales y las Libertades Públicas*. Madrid: Fundación Coloquio Juridico Europeu, 2013, p. 102.

[64] Exemplificativamente, há direitos individuais que são, *a priori*, inteira e aceitadamente disponíveis por deliberação consciente do titular. Tome-se o exemplo do direito à intimidade, interessadamente negociado pelos protagonistas de *reality shows*, para ficarmos nesta hipótese.

mento com os interesses protegidos pelo próprio direito de defesa.

A partir disso, a questão que se coloca é bastante pontual: o titular do direito de defesa está indissociavelmente vinculado a seu exercício ou poderia, circunstancialmente, a ele renunciar? Mais especificamente: o indivíduo estaria obrigado, por força da Constituição ou da lei, a resistir à acusação mesmo em circunstâncias que indicassem que o não exercício da defesa – enquanto resistência – *ou seu exercício noutro sentido* poderia trazer-lhe melhor resultado?

Aqui será relevante destacar a classificação antes mencionada (3.1). Do ponto de vista de sua (in)disponibilidade, cabe distinguir entre o *direito ao advogado* (ou à defesa/assistência jurídica) e o *direito de defesa* propriamente dito, a compreender as manifestações e estratégias processuais, prudentes e conscientes, adotadas pelo defensor em conjunto com o assistido.

A irrenunciabilidade reside – e de modo parcial – na primeira situação (direito *à defesa*), estando circunscrita às hipóteses em que a assistência técnica é exigida por força da lei, como ocorre, desde logo, no âmbito da ação penal (art. 261 do CPP).[65] A propósito, a Convenção Americana sobre Direitos Humanos preceitua que toda pessoa *acusada* de um delito tem direito a determinadas garantias

---

[65] *HABEAS CORPUS.* PENAL. PROCESSUAL PENAL. DEFESA TÉCNICA. DIREITO INDISPONÍVEL E IRRENUNCIÁVEL. INADMISSIBILIDADE DE O RÉU SUBSCREVER SUA PRÓPRIA DEFESA. AUTODEFESA. DIREITO EXCEPCIONAL DO ACUSADO. POSSIBILIDADE RESTRITA ÀS HIPÓTESES PREVISTAS NA CONSTITUIÇÃO E NAS LEIS PROCESSUAIS. ORDEM DENEGADA. I – A defesa técnica é aquela exercida por profissional legalmente habilitado, com capacidade postulatória, constituindo direito indisponível e irrenunciável. II – A pretensão do paciente de realizar sua própria defesa mostra-se inadmissível, pois se trata de faculdade excepcional, exercida nas hipóteses estritamente previstas na Constituição e nas leis processuais. III – Ao réu é assegurado o exercício da autodefesa consistente em ser interrogado pelo juízo ou em invocar direito ao silêncio, bem como de poder acompanhar os atos da instrução criminal, além de apresentar ao respectivo advogado a sua versão dos fatos para que este elabore as teses defensivas. IV – Ao acusado, contudo, não é dado apresentar sua própria defesa, quando não possuir capacidade postulatória. V – Ordem denegada. (STF – HC 102019, Rel. Min. Ricardo Lewandowski, j. 17/08/2010).

mínimas, dentre as quais se sobressai o "direito *irrenunciável* de ser assistido por um defensor proporcionado pelo Estado, remunerado ou não, segundo a legislação interna, se o acusado não se defender ele próprio nem nomear defensor dentro do prazo estabelecido pela lei" (art. 8º, "e").[66]

Mesmo nas hipóteses de irrenunciabilidade ao *direito à defesa*, entretanto, o acusado poderá, estrategicamente, deixar de resistir à acusação. Sem renunciar ao processo – ou seja, sem abandonar as oportunidades de manifestação ditadas pelo procedimento –, o acusado pode, dentro de sua liberdade de estratégia, renunciar ao confronto. Uma vez assegurado o direito à assistência jurídica, o que o direito de defesa propriamente dito garante e impõe é a possibilidade de intervir, contestar, confrontar, mas não a obrigação de fazê-lo.[67]

Sob esse preciso enfoque, significativa parcela das posições jurídicas que conformam o *direito de defesa* seriam disponíveis. Ou seja, não obrigatoriamente devem ser exercidas pelo acusado, sobretudo se de seu não exercício lhe sobrevenha, ainda que potencialmente, alguma outra vantagem. Exemplificativamente: o investigado ou acusado, desde que tecnicamente assistido por advogado, no ato de interrogatório: (i) não é obrigado a declarar, mas, se o desejar, poderá fazê-lo; (ii) não está compelido a produzir prova contra si, mas, previamente informado sobre as consequências de sua decisão e a desobrigatoriedade de fazê-lo, poderá decidir colaborar com a acusação (colaboração premiada); (iii) ainda nessa linha, poderá abdicar do uso da prova, sem apresentar resistência à acusação.

---

[66] FRUMER, Philippe. "Variaciones Sobre el Tema de la Renúncia a los Derechos y Libertades Fundamentales", In: FRUMER, Philippe; VILLAVERDE MENÉNDEZ, Ignacio. *La Renunciabilidad*..., p. 34. O TEDH, compreendendo o direito à assistência de um advogado como um direito fundamental que assegura a eficácia das demais garantias de um processo justo e equitativo, considera que eventual renúncia deve ser consciente e inteligente, indicativa de que o investigado houver podido razoavelmente prever as consequências de seu comportamento. TEDH – Pishchaknikov v. Russia, j. 24/09/2009.

[67] CAROCCA PÉREZ, Alex. *Garantía Constitucional*..., p. 190.

Sublinhe-se: para eventual disposição circunstancial do direito – ou renúncia a seu exercício – exige-se, logicamente, que o investigado ou acusado esteja consciente sobre a decisão e seus efeitos; exige-se "certa segurança no planejamento e na decisão sobre o ato da renúncia", de modo que, "quanto maior a possibilidade de calcular (calculabilidade) e de prever (previsibilidade) as consequências da renúncia, maior o poder de disposição" do direito fundamental em questão.[68]

Outro aspecto a se considerar acerca da disponibilidade das posições de defesa está relacionado aos efeitos dessa opção. Conforme decidiu o Tribunal Constitucional da Espanha, a renúncia ao exercício de um direito fundamental será viável quando comporte um benefício ou vantagem para seu titular, devendo ser clara, inequívoca e transitória (STC, 51/2003, FJ6 e STC 65/2009, FJ4). Na ocasião, o tribunal reafirmaria sua jurisprudência (STC 76/1990) no sentido de que o direito à tutela judicial efetiva tem caráter irrenunciável e indisponível, o que não impede que se possa reputar constitucionalmente legítima a renúncia a seu exercício quando dela resulte um benefício ao interessado (STC 65/2009).

A renúncia válida ao exercício do *direito de defesa* – ora compreendido como não imposição de resistência pontual à ação persecutória do Estado – pressuporia, em todo o caso: (a) informação plena sobre o conteúdo do direito; (b) consciência e inteligência na renúncia; (c) previsibilidade do acusado quanto às consequências da renúncia; (d) formulação voluntária e inequívoca (a renúncia não pode ser motivada por qualquer ato coativo sobre o sujeito titular do direito fundamental);[69] por fim, é essencial destacar: a autolimitação concreta de um direito deve considerar-se, sempre, sob reserva de revogação.[70]

---

[68] ADAMY, Pedro Augustin. *Renúncia a Direito Fundamental*. São Paulo: Malheiros, 2011.
[69] FRUMER, Philippe; VILLAVERDE MENÉNDEZ, Ignacio. *La Renunciabilidad....*, p. 38.
[70] CANOTILHO, J.J. Gomes. *Direito...*, p. 465.

3.3. Funções normativas

Os direitos fundamentais estruturam um regime de liberdade intolerante com toda forma de arbítrio, seja manifestado por ação, seja por omissão. Para tanto, cumprem funções diversas no ordenamento jurídico. Desde Jellinek e sua teoria dos *status*, a doutrina trouxe algumas variações no intento de classificar essas funções. Independentemente dos ajustes de nomenclatura, e tomando em conta, precisamente, o direito de defesa, três funções se colocam diante do Estado, sob a correlata forma de deveres: (i) *função de defesa*, correspondendo a um dever de abstenção de intervenção na área do direito fundamental – não confundamos a expressão: uma coisa é a defesa enquanto objeto do direito ora analisado; outra é a função de defesa que emerge dos direitos fundamentais em geral), (ii) *função de prestação jurídica*, correspondendo a um dever de proteção do direito, e (iii) *função de prestação material*, correspondendo ao dever estatal de prover as condições materiais necessárias à realização do direito.

3.3.1. Função de defesa (dever de respeito)

Os direitos fundamentais em geral, e o direito de defesa enquanto espécie do gênero, funcionam, em primeira ordem, como um mecanismo de defesa (Ávila) do indivíduo em face do Estado. Essa função normativa impõe ao Estado um dever de abstenção, uma proibição de interferência indevida no direito fundamental, unicamente sujeitos a intervenções pautadas em lei, concretamente justificadas (adequadas e necessárias) e proporcionais.

Especificamente em relação ao direito de defesa, o dever de não intromissão no espaço de realização do direito tem como destinatário imediato os poderes públicos em geral, em suas variadas esferas de atuação. Todos estão compelidos a respeitar o livre exercício desse direito, sendo-lhes vedada a criação de obstáculos que culminem por embaraçar sua fruição, mesmo invocando razões de "interesse público".

Assim, no contexto do processo penal, ainda que com diferentes intensidades, estão primariamente sujeitos a tal obrigação de respeito a autoridade policial, o Ministério Público e o juiz.

Na eventual imposição de obstáculos ao livre desenvolvimento do direito de defesa, competirá ao Poder Judiciário removê-los. Se a agressão emanar do próprio juiz, caberá à instância superior fazê-lo, sempre a partir dessa perspectiva: como imperativo de tutela decorrente do próprio direito fundamental, mais precisamente da função de *defesa* do direito frente a ingerências indevidas.

Nessa perspectiva de análise, uma das mais graves violações ao direito de defesa no processo penal se dá na hipótese de quebra da imparcialidade judicial, em circunstâncias nas quais o juiz, conscientemente ou não, encarna o viés acusatório. Além de o vício emanar da autoridade pública que deveria removê-lo, sua manifestação é, em regra, tênue, sutil – nos casos mais graves, sorrateira. O juiz que teve sua imparcialidade comprometida não é um verdadeiro juiz;[71] dele não se há de esperar, consequentemente, que prestigie a função de defesa (dever de respeito) que emana do direito fundamental.

3.3.2. Função de prestação jurídica (dever de proteção)

Um dos grandes avanços do constitucionalismo do segundo pós-guerra se deu a partir da conscientização de que o dever de respeito (função de defesa) não é o bastante a garantir a eficácia dos direitos fundamentais, senão que se haveria de impor ao Estado uma ação positiva, de proteção. Ou seja, ao Estado incumbe não apenas respeitar

---

[71] OTTO, Inácio de. *Estudios sobre el Poder Judicial*. Madrid: Ministerio de Justicia, 1989, p. 23. A propósito, FELDENS, Luciano; SCHMIDT, Andrei. Direitos fundamental a um processo justo e standard de valoração sobre a (im)parcialidade judicial. In: *Revista de Estudos Criminais*, v. 38, 2010.

os direitos fundamentais, mas também garantir sua efetivação. Daí dizer-se que os direitos fundamentais também funcionam como um instrumento de prestação, possibilitando ao indivíduo exigir do Estado, para além da abstenção, atuar positivamente para garantir a aplicação desses direitos (Ávila).

Na perspectiva do direito de defesa, trata-se de uma prestação de caráter jurídico, atribuível a qualquer autoridade de Estado, consistente no dever de garantir a efetiva realização do direito (função de proteção).[72]

Essa função de proteção exigirá do juiz que coloque atenção no desempenho concreto da prestação defensiva, garantindo que ela seja exercida dentro de um padrão juridicamente aceitável. Um certo nível de controle sobre a performance do defensor resulta, portanto, adequado – e até mesmo necessário – para assegurar que o direito à assistência não se torne vazio.[73]

Assim, por exemplo, no curso de uma ação penal, onde o direito de defesa se desenvolve mais intensamente, é vedado ao juiz tanto "obstaculizar" o direito de defesa quanto "contemplar" eventual déficit em seu exercício.

---

[72] Nesse ponto, seguimos a lição de Vieira de Andrade ao apontar que o caráter prestacional decorrente dessa função do direito fundamental no ordenamento jurídico pode estar vinculado a uma prestação de conteúdo jurídico ou material. Ambas exigem a produção de uma ação *positiva*, extraindo-se daí seu caráter *prestacional*. O exercício da função judicial circunscreve-se ao primeiro grupo, na medida em que não exige o implemento de condições materiais diversas, a não ser a própria prestação jurisdicional. VIEIRA DE ANDRADE, José Carlos. *Os Direitos...*, p. 168. Ingo Sarlet, salientando o caráter complementar das funções de defesa e de prestação, aponta para a existência de um complexo heterogêneo de posições jurídico-subjetivas que no âmbito das diversas funções exercidas pelos direitos fundamentais podem assumir tanto uma dimensão positiva quanto negativa. SARLET, Ingo Wolgang; MARINONI, Luiz Guilherme; MITIDIERO, Daniel. *Curso de Direito Constitucional.* 2. ed. São Paulo: RT, 2012, p. 313.

[73] SOO, Anneli, "An Individual's Right to the Effective Assistance of Counsel versus the Independence of Counsel: What can the Estonian Courts do in Case of Ineffective Assistance of Counsel in Criminal Proceedings?" *Juridica International* XVII, 2010, p. 253. No mesmo sentido, argumentando que o juiz tem a responsabilidade de assegurar um julgamento justo pela manutenção de padrões mínimos de desempenho que se exigem de um advogado: SCHWARZER, William, "Dealing with incompetent counsel – The trial judge's role", *Harvard Law Review*, v. 93, n. 4, 1980, p. 649-650.

Do dever de imparcialidade judicial não se pode retirar qualquer espécie de dever de descomprometimento com os direitos fundamentais postos em causa. Ao contrário: deve o juiz, no processo penal, assegurar o exercício dos direitos, zelando pelo cumprimento das funções normativas do direito de defesa, seja atuando no sentido de impedir ou remover eventuais obstáculos opostos a seu livre exercício, seja atuando para garantir uma performance do direito em nível minimamente ajustado à sua condição de direito fundamental.

Nessa perspectiva, a função de proteção que emana do direito de defesa legitima plenamente a disposição do art. 497 do CPP, ao assim prever:

> Art. 497. São atribuições do juiz presidente do Tribunal do Júri, além de outras expressamente referidas neste Código: (...)
>
> V – nomear defensor ao acusado, quando considerá-lo indefeso, podendo, neste caso, dissolver o Conselho e designar novo dia para o julgamento, com a nomeação ou a constituição de novo defensor;

Afora o fato de que a nomeação de defensor deve ser precedida de consulta ao acusado acerca do interesse em constituir, ele próprio, novo defensor (art. 263 do CPP), o dispositivo caminha no sentido de resguardar a eficácia do direito de defesa, razão pela qual a hipótese normativa nele contemplada (destituição de advogado por insuficiência de defesa), porque de ocorrência geral, não deve estar restrita aos julgamentos perante o Tribunal do Júri, aplicando-se em qualquer rito processual, por força do próprio direito fundamental (aplicabilidade direta).

Colhe-se, nessa linha de compreensão, relevante lição da jurisprudência do STF:

> A defesa deve ser exercida de fato, com observância de todos os ônus que, guardando pertinência com a estratégia escolhida, lhe dispõe a lei, razão pela qual o juiz pode, senão que *deve*, declarar indefeso o réu, caso a defesa téc-

nica não corresponda ao mínimo aguardado para uma efetiva ampla defesa (...) Verificada a negligência – ou a má-fé – do advogado, *cumpria ao juiz da causa* nomear defensor dativo para o ato, ou, até, declarar indefeso o réu, nomeando-lhe defensor público para supri-la. Toda essa inércia e inação, no caso, acarreta a nulidade da sentença (STF – HC 92.680, Rel. Min. Cezar Peluso, j. 11/03/2008).

Nesse mesmo sentido, a Suprema Corte dos Estados Unidos assentou que o direito à assistência deve ser percebido como direito à assistência efetiva (*"the right to counsel is the right to the effective assistance of counsel"*), e que "os acusados não podem ser deixados à mercê de um advogado incompetente, e os juízes devem se esforçar para manter standards adequados de performance dos defensores em casos criminais".[74]

A inércia estatal no cumprimento dessa função pode conduzir à responsabilidade do próprio Estado no plano internacional. Aplicando a respectiva Convenção, a Corte Interamericana de Direitos Humanos endossa essa compreensão: (i) em *DaCosta Cadogan v. Barbados* (2009), condenou o Estado em razão da omissão de juiz que, deparado com uma situação de ineficiência no exercício do direito de defesa, por parte de defensor nomeado pelo Estado, não tomou nenhuma providência;[75] (ii) em *Cabrera García y Montiel Flores v. México* (2010), os reclamantes alegaram que seus defensores nomeados "não apresen-

---

[74] Do original: "defendants cannot be left to the mercies of incompetent counsel, and that judges should strive to maintain proper standards of performance by attorneys who are representing defendants in criminal cases". *McMann v. Richardson* (397 U.S. 759, 1970)

[75] As circunstâncias concretas foram decisivas para a decisão: "89. (...) Tercero, teniendo en cuenta que fue el propio Estado el que designó a un abogado defensor a favor del señor DaCosta Cadogan, correspondía al juez adoptar una posición más activa para asegurar que se adoptaran todas las medidas necesarias para velar por el respeto de las garantías judiciales. (...) el Tribunal considera que la omisión del Estado descrita en los párrafos precedentes constituyó una violación del derecho a las garantías judiciales del señor DaCosta Cadogan, reconocidas en el artículo 8.1, 8.2.c y 8.2.f de la Convención, en relación con el artículo 1.1 de dicho instrumento.". CIDH – DaCosta Cadogan v. Barbados, j. 24/09/2009.

taram provas, não contraditaram as apresentadas em seu desfavor, não os aconselharam a ficar em silêncio, não impugnaram diligências e perícias, nada perguntaram nos interrogatórios realizados e não os entrevistaram previamente"; a Corte constatou a postura eminentemente contemplativa da defesa e do Estado, afirmando sobre a necessidade, imputada ao Estado, de adoção todas as medidas adequadas a assegurar que a defesa seja efetiva.[76]

O Tribunal Europeu de Direitos Humanos externa, substancialmente, igual entendimento: o direito de defesa sempre deve vir acompanhado da obrigação estatal de "tomar medidas positivas destinadas a assegurar o exercício efetivo desse direito":[77] (i) em *Goddi v. Itália* (1984), apontou que *há um dever positivo por parte do Estado de fiscalizar a prestação efetiva da defesa técnica*, tomando as medidas necessárias para garantir o pleno exercício do direito. No caso em particular, a Itália foi condenada pela *postura passiva* do Tribunal de Apelação de Bolonha, que manteve as datas aprazadas para as audiências mesmo ciente do tempo exíguo que os defensores teriam para estudar os autos do processo. A Corte também decidiu que o fato de o indivíduo assistido não ter manifestado sua irresignação diante da deficiência de defesa é um fator irrelevante, que não exime a culpa do Estado italiano pela passividade de seu tribunal;[78] (ii) em *Czekalla v. Portugal* (2001),

---

[76] (...) En especial, la Corte resalta que la defensa suministrada por el Estado debe ser efectiva, para lo cual el Estado debe adoptar todas las medidas adecuadas. Si el derecho a la defensa surge desde el momento en que se ordena investigar a una persona, el investigado debe tener acceso a la defensa técnica desde ese mismo momento, sobre todo en la diligencia en la que se recibe su declaración. CIDH – Cabrera García y Montiel Flores *v*. México, j. 26/11/2010.

[77] BARRETO, Irineu Cabral, *A Convenção Europeia dos Direitos do Homem Anotada*, Coimbra: Wolters Kluwer Portugal – Coimbra Editora, 2010, p. 215.

[78] "In fact, Mr. Straziani did not have the time and facilities he would have needed to study the case-file, prepare his pleadings and, if appropriate, consult his client (cf. Article 6 para. 3 (b) of the Convention) (art. 6-3-b). Short of notifying Mr. Bezicheri of the date of the hearing, the Court of Appeal should – whilst respecting the basic principle of the Independence of the Bar – at least have taken measures, of a positive nature, calculated to permit the officially-appointed lawyer to fulfil his obligations in the best possible conditions. (...) No inference can be drawn from the fact that Mr. Straziani himself made no such request. The

assentou que, diante de um fracasso manifesto na prestação de defesa técnica, surge para o juiz uma *obrigação positiva de garantir o respeito prático e eficaz ao devido processo legal*;[79] (iii) em *Sannino v. Itália* (2006), o reconhecimento da vulneração aos direitos baseou-se na inércia dos defensores designados para as audiências, associada à ausência de qualquer intervenção das autoridades italianas, que tinham o *ônus tomar medidas que garantissem a eficácia da defesa do acusado*.[80]

Em síntese, a omissão judicial na fiscalização acerca do cumprimento do direito de defesa pode levar, no plano interno, à nulidade do julgamento, por direta vulneração ao direito fundamental implicado (art. 5º, LV, da CF) e suas correlações normativas, como o devido processo legal e o direito à tutela judicial efetiva (art. 5º, LIV e XXXV, da CF).

3.3.3. Função de prestação material (dever de assistência)

Na hipótese de assistidos que não consigam prover a assistência jurídica às suas próprias expensas, compete ao Estado prestá-la integral e gratuitamente, o que se recolhe já não apenas da dimensão prestacional do direito à am-

---

exceptional circumstances of the case – the absence of Mr. Goddi and the failure to notify Mr. Bezicheri – required the Court of Appeal not to remain passive." TEDH – Goddi *v.* Itália, j. 09/04/1984.

[79] "(...) The circumstances of the case therefore imposed on the relevant court the positive obligation to ensure practical and effective respect for the applicant's right to due process. (...) 68. (...) In the Court's view, that was a "manifest failure" which called for positive measures on the part of the relevant authorities. TEDH – Czekalla *v.* Portugal, j. 10/10/ 2002.

[80] "(...) The applicant (...) never informed the authorities of the difficulties he had been having preparing his defence (...) However, the Court considers that the applicant's conduct could not of itself relieve the authorities of their obligation to take steps to guarantee the effectiveness of the accused's defence. The above-mentioned shortcomings of the court-appointed lawyers were manifest, which put the onus on the domestic authorities to intervene. However, there is nothing to suggest that the latter took measures to guarantee the accused an effective defence and representation. Accordingly, there has been a violation of Article 6 of the Convention". TEDH – Sannino *v.* Itália, j. 13/09/ 2006.

pla defesa, com os meios e recursos e ela inerentes, mas de posição jurídico-constitucional autônoma:

> Art. 5º (...)
>
> LXXIV – o Estado prestará assistência jurídica integral e gratuita aos que comprovarem insuficiência de recursos.

Nas circunstâncias de dependência acima enunciadas, o exercício do direito depende de prestação material do Estado, pressupondo a criação de estruturas e procedimentos destinados a essa finalidade – no que se sujeita aos contornos legais e orçamentários comuns à espécie. Estruturada como instituição permanente, essencial à função jurisdicional do Estado, incumbe à Defensoria Pública a orientação jurídica e a promoção dos direitos dos necessitados, em todos os graus, na forma da Constituição:

> Art. 134. A Defensoria Pública é instituição permanente, essencial à função jurisdicional do Estado, incumbindo-lhe, como expressão e instrumento do regime democrático, fundamentalmente, a orientação jurídica, a promoção dos direitos humanos e a defesa, em todos os graus, judicial e extrajudicial, dos direitos individuais e coletivos, de forma integral e gratuita, aos necessitados, na forma do inciso LXXIV do art. 5º desta Constituição Federal.

No plano infraconstitucional, a Lei Complementar 80/94, que organiza a Defensoria Pública da União, do Distrito Federal e dos Territórios e prescreve normas gerais para sua organização nos Estados, prevê uma série de prerrogativas específicas dos defensores públicos, dentre as quais a intimação pessoal dos atos processuais e o prazo em dobro para suas manifestações (arts. 44, I, 89, I, e 128, I). Essas garantias, qualificadas pelo STF como *mecanismos compensatórios* destinados a viabilizar, em plenitude, o exercício das funções cometidas aos defensores públicos, são asseguradas inclusive em procedimentos de natureza penal (STF – HC 140.589, Rel. Gilmar Mendes, j. 28/03/2017).

Sem prejuízo à atuação da Defensoria Pública, admite-se que os indivíduos que não tenham condições de arcar com as despesas de um advogado sejam representados por advogados *pro bono* (art. 30 do Código de Ética da OAB), pela advocacia dativa[81] ou pelos núcleos de prática jurídica pertencentes às universidades.

---

[81] Destaque-se a iniciativa da OAB/RS de regulamentação do serviço realizado pelos advogados dativos (Resolução Conjunta nº 001, de 08/12/2020), dispondo sobre o credenciamento e o pagamento de honorários aos advogados designados para atuarem como assistentes judiciários de partes beneficiadas pela concessão de justiça gratuita nas localidades em que não haja atendimento pela Defensoria Pública do Estado do Rio Grande do Sul.

4. O direito de defesa em ação: áreas de proteção

O direito de defesa apresenta uma estrutura caleidoscópica, composta por um amplo conjunto de posições jurídicas que interagem com outros direitos e garantias, perfazendo sua área de proteção. Por área – ou âmbito – de proteção compreendemos o espaço de liberdade de ação do indivíduo juridicamente protegido, ou seja, os "pedaços" da vida (Luís Greco) que configuram o direito, dotando-lhe de identidade, conteúdo e funcionalidade.[82]

Enquanto direito fundamental, o direito de defesa tem sua estrutura essencial vertendo da própria Constituição, complementando-se normativamente pela atividade do legislador, a quem compete configurá-lo, provendo os meios e recursos destinados a assegurar seu exercício pleno e estabelecendo, em coerência com a totalidade do ordenamento jurídico, as disposições regulatórias tendentes a torná-lo operativo (*v.g.*, previsão legal das oportunida-

---

[82] A área de proteção de determinado direito pode compartilhar uma zona comum, ainda que parcial, com áreas de proteção de outros direitos. Por exemplo, o direito à não autoincriminação, embora de identidade e conteúdo próprios, está igualmente contemplado em uma concepção ampla de direito de defesa, assim como o direito de defesa está contemplado por uma concepção abrangente de devido processo legal. Nessa linha de exemplificação, o próprio STF tem rotineiramente se limitado a invocar a garantia do devido processo legal, no lugar de fazer referências às posições jurídicas que o estruturam, aí incluídas as manifestações do direito de defesa. CANOTILHO, J.J. Gomes; MENDES, Gilmar Ferreira; SARLET, Ingo Wolfgang; STRECK, Lenio Luiz. *Comentários à Constituição do Brasil*. São Paulo: Saraiva, 2013, p. 431). Referência: STF – HC 94.016, Rel. Min. Celso de Mello, DJ 16/09/2008.

des e dos prazos de defesa, da forma dos atos processuais, etc.).

Em atenção a essa pluralidade de fontes, na decomposição analítica do direito destacamos, para cada uma das diversas posições jurídicas que o estruturam, a correspondente e específica base normativa, conjugando harmonicamente os diversos planos de normatividade incidentes (constitucional, supralegal e legal).

4.1. Direito à defesa (ao advogado)

> Feliz da nação cujas leis fossem tão simples que seu conhecimento estivesse ao alcance do todos os cidadãos, e na qual pudessem dirigir e defender sua causa na justiça como administram seus negócios. Porém, no reinado de uma legislação obscura e complicada (...) o ministério dos advogados é indispensável. Se necesitam advogados para restabelecer a igualdade entre as partes (...) e para compensar a desvantagem inherente à inferioridade de condição.
>
> (BENTHAM, Jeremy. *Tratado Sobre la Organización Judicial y la Codificación*. Madrid, 1843)

O exercício do direito de defesa propriamente dito pressupõe a assistência técnica, prestada por profissional habilitado (o advogado), que assume um papel constitucional de defesa dos direitos ameaçados em virtude da persecução penal (acima, 3.1.1). Trata-se, sob a perspectiva do indivíduo, do *direito ao advogado*, um direito imediatamente orientado à promoção de um equilíbrio técnico entre as partes (processo equitativo).[83]

---

[83] Nos Estados Unidos, tornou-se célebre o caso *Gideon*, no qual a Suprema Corte enfrentou a discussão sobre se o Estado teria, ou não, o dever de prestar assistência técnica a acusados destituídos de condição econômica para arcar com os custos de sua defesa. Clarence Gideon havia sido acusado, perante a justiça da Flórida, pelo cometimento do crime de invasão de estabelecimento comercial. Por não se tratar de um *capital case*, a lei local dispensava a assistência de advogado, restando a Gideon – um *indigent*, cidadão sem recursos para constituir um advogado – exercer sua própria defesa. Restou condenado à pena de cinco anos de prisão. Da penitenciária onde cumpria pena, Gideon redigiu de próprio

Na Constituição, o direito à assistência de advogado, conquanto inerente à cláusula geral do devido processo legal, decorre de posição jusfundamental autônoma:

> Art. 5º (...)
>
> LXIII – o preso será informado de seus direitos, entre os quais o de permanecer calado, sendo-lhe assegurada a *assistência* da família e de *advogado*; (...)

O direito à assistência de advogado não se restringe ao "preso", estendendo-se ao "solto". O STF já teve a oportunidade de assim anotar em sua jurisprudência: "o dispositivo tem alcance maior do que o de sua expressão literal: certo – inspirado claramente na doutrina do Caso Miranda, a garantia é nominalmente endereçada ao preso; mas, no que a ele, preso, assegura, tem como pressuposto que ao indiciado, ainda que solto, também se estende o direito ao silêncio (que tem como premissa o *nemo tenetur se detegere*) e, no mínimo, a faculdade da assistência do advogado que constituir" (STF – HC 82.354, Rel. Min. Sepúlveda Pertence, j. 10/08/2004).

Há situações – e o âmbito da ação penal é a mais evidente, embora não a única – em que a assistência de defensor é *obrigatória por força de lei*, no que o direito se qualifica, nessas hipóteses, como indisponível (ou irrenunciável). Nessa linha, o CPP, que dedicou um capítulo para tratar "Do Acusado e seu Defensor" (arts. 259 a 267), estipulou, em seu art. 261:

> Art. 261. Nenhum *acusado*, ainda que ausente ou foragido, será *processado* ou *julgado* sem defensor.

---

punho uma petição à Suprema Corte dos Estados Unidos, sustentando que sua condenação sem assistência técnica feria a Constituição e o *Bill of Rights*. Em análise ao pleito, a Corte Suprema assentou, naquilo que viria a ser um de seus históricos julgados, que sob a égide da Sexta Emenda à Constituição, toda pessoa acusada criminalmente possui o direito à indicação de um defensor pelo tribunal, pois advogados em processos criminais são uma necessidade, e não um luxo. Do original: "(...) in our adversary system of criminal justice, any person haled into court, who is too poor to hire a lawyer, cannot be assured a fair trial unless counsel is provided for him. This seems to us to be an obvious truth (...) *lawyers in criminal courts are necessities, not luxuries*". Gideon *v.* Wainwright (372 U.S. 335, 1963).

Em reforço, a lei determina ao juiz a nomeação de defensor ao acusado que não o possua (art. 263 do CPP; precisamente para o ato de interrogatório: art. 185 do CPP), constituindo-se como nulidade absoluta a falta de defensor (art. 564, III, "c", do CPP e Súmula 523 do STF).[84]

A Convenção Americana sobre Direitos Humanos elenca o *direito ao advogado* como uma das garantias essenciais do indivíduo acusado de infração penal, qualificando-o com a nota da irrenunciabilidade:

Art. 8. (...)
2. Durante o processo, toda pessoa tem direito, em plena igualdade, às seguintes garantias mínimas: (...)
(d) direito do acusado de defender-se pessoalmente ou de ser assistido por um defensor de sua escolha e de comunicar-se, livremente e em particular, com seu defensor;
(e) direito irrenunciável de ser assistido por um defensor proporcionado pelo Estado, remunerado ou não, segundo a legislação interna, se o acusado não se defender ele próprio nem nomear defensor dentro do prazo estabelecido pela lei;

A presença de defensor é também obrigatória na audiência de custódia. O art. 310 do CPP, com redação dada pela Lei 13.964/2019, dispõe que "o juiz deverá promover audiência de custódia com a presença do acusado (*sic*), seu advogado constituído ou membro da Defensoria Pública".

Outrossim, a obrigatoriedade da assistência de defensor não se limita ao ambiente de litígio, também se verificando nos espaços de consenso hoje previstos no processo penal, seja na transação penal (art. 68 da Lei 9.099/95), na suspensão condicional do processo (art. 89, § 1º, da Lei 9.099/95), no acordo de não persecução penal (art. 28-A, § 3º, do CPP) e na colaboração premiada, cuja lei de regência estipula que "em todos os atos de negociação, confirma-

---

[84] STF – Súmula 523: "No processo penal, a falta da defesa constitui nulidade absoluta, mas a sua deficiência só o anulará se houver prova de prejuízo para o réu". Dedicamos o Capítulo 5 para a exploração deste verbete sumular.

ção e execução da colaboração, o colaborador deverá estar assistido por defensor" (art. 4º, § 15, da Lei 12.850/13). Em sede de controle abstrato de constitucionalidade, oportunidade em que deu interpretação conforme ao art. 10 da Lei 10.259/01 (Lei dos Juizados Especiais Federais), o STF assentou a "imprescindibilidade da presença de advogado nas *causas criminais*" (STF – ADI 3.168, Rel. Min. Joaquim Barbosa, j. 08/06/2006).

À raiz da indispensabilidade do advogado, a legislação prevê a aplicação de multa em caso de inobservância do procedimento para a renúncia ao exercício de mandato pelo próprio defensor, para a qual deve comunicar o juiz da causa e prosseguir com a representação durante os dez dias seguintes, salvo se for substituído antes do término desse prazo (art. 265 do CPP e art. 5º, § 3º, da Lei 8.906/94). Conforme enfatizou o STF, a imposição de multa por abandono injustificado da causa visa, precisamente, a assegurar o "direito indisponível do réu à defesa técnica" (STF – ADI 4.398, Rel. Min. Cármen Lúcia, j. 05/08/2020).

Por outro lado, há hipóteses em que o indivíduo, embora tendo o direito à assistência técnica, poderá deixar de reivindicá-lo. Por exemplo, uma pessoa chamada a prestar depoimento em inquérito policial tem o direito de fazer-se acompanhar de advogado, não havendo obstáculo legal, todavia, a que renuncie circunstancialmente a esse direito, desde que o faça de modo plenamente consciente sobre seu direito. Nesse tom, em tais circunstâncias, deverá a autoridade pública, antes de tomar o depoimento do indivíduo, adverti-lo de seus direitos constitucionais, dentre os quais, precisamente, do direito à assistência jurídica (abaixo, 4.2.1).

Em razão de um número considerável de questões que se abrem diante da subjetividade da condição ocupada pelo depoente no âmbito dessas investigações (*v.g.*, indiciado, investigado, interessado, testemunha), ou mesmo da diversidade de órgãos públicos que acabam, também com diversidade de procedimentos, exercendo atividade investigatória, dedicamos os subtópicos a seguir para a problematização das controvérsias mais recorrentes envolvendo o direito à defesa (ao advogado).

4.1.1. Defesa desde a investigação criminal

O direito à defesa deve ser assegurado independentemente do estágio em que se encontre a atividade persecutória do Estado. A Constituição não condiciona, e tampouco a lei o faz, que o indivíduo espere pela ação interventiva do Estado sobre sua esfera de direitos, para que só então possa constituir advogado e entabular medidas de proteção jurídica, de viés defensivo. Ao contrário: a Constituição assegura a tutela judicial preventiva, assumindo que a lei não excluirá da apreciação do Poder Judiciário lesão ou *ameaça* a direito (art. 5º, XXXV, da CF).

Nessa perspectiva, embora de exercício não compulsório, o direito à defesa técnica se estende ao ambiente da investigação criminal, iniciando-se pelo direito de acesso aos autos da investigação.[85]

Essa orientação está alinhada à superação de antiga concepção que reconhecia a fase investigatória como um ambiente impermeável à intervenção do investigado. Em reversão a esse entendimento, desde o início dos anos 80, pelo menos, o STF edificaria sua jurisprudência no sentido de atribuir ao investigado, no âmbito do inquérito, a condição de sujeito (portanto, titular) de direitos, afastando-se do dogma repressor que o situava como "objeto de investigações".[86] Sob tal obsoleta condição, não se facultava

---

[85] Isso em clara decorrência de que "primeiro, antes e fora do processo, existe o direito à liberdade". MOURA, Maria Thereza Rocha de Assis; BASTOS, Cleunice A. Valentim, "Defesa Penal: Direito ou Garantia", *Revista Brasileira de Ciências Criminais*, ano 1, n. 4, out-dez. 1993, p. 115.

[86] "O Acórdão pretende que, na fase do inquérito policial, o indiciado nada requer. Porque ainda não se constitui a relação jurídica processual, ele não pode intervir no desenvolvimento dos atos processuais, entende o Coator. (...) *Desde o inquérito policial, o acusado é sujeito de direitos. Não é mero objeto da ação repressora.* (...) Não será conforme a lei expressa, nem atende ao princípio geral da ampli-

ao investigado muito mais do que suportar a ação do Estado, sendo reduzidíssimo seu espaço de manifestação no âmbito das investigações criminais. Hoje, a jurisprudência do STF afirma:

> (...) A unilateralidade das investigações preparatórias da ação penal não autoriza a Polícia Judiciária a desrespeitar as garantias jurídicas que assistem ao indiciado, que não mais pode ser considerado mero objeto de investigações. O indiciado é sujeito de direitos e dispõe de garantias, legais e constitucionais, cuja inobservância, pelos agentes do Estado, além de eventualmente induzir-lhes a responsabilidade penal por abuso de poder, pode gerar a absoluta desvalia das provas ilicitamente obtidas no curso da investigação policial. (...) (STF – HC 73.271, Rel. Min. Celso de Mello, DJ 19/03/1996).

Nessa linha evolutiva, a Lei 13.245/16 ajustou a Lei 8.906/94 (Estatuto da Advocacia) para apontar que a inobservância do direito de assistência gera a nulidade absoluta do interrogatório ou depoimento – e, subsequentemente, de todos os elementos investigatórios e probatórios dele decorrentes ou derivados. Eis a redação dada ao art. 7º, XXI, da Lei 8.906/94:

> Art. 7º São direitos do advogado: (...)
>
> XXI – assistir a seus clientes investigados durante a apuração de infrações, sob pena de nulidade absoluta do respectivo interrogatório ou depoimento e, subsequentemente, de todos os elementos investigatórios e probatórios dele

---

tude da defesa, manter o indiciado fora do processo, sob alegações especiosas, como a de que a não teve início ainda a ação penal como é legalmente entendida, ou a de que a garantia constitucional à amplitude de defesa, com os recursos a ela inerentes só cabe aos acusados. (...)". STF – HC 58.579, Rel. Min. Clovis Ramalhete, DJ 12/05/1981.

"(...) A unilateralidade das investigações preparatórias da ação penal não autoriza a Polícia Judiciária a desrespeitar as garantias jurídicas que assistem ao indiciado, que não mais pode ser considerado mero objeto de investigações. O indiciado é sujeito de direitos e dispõe de garantias, legais e constitucionais, cuja inobservância, pelos agentes do Estado, além de eventualmente induzir-lhes a responsabilidade penal por abuso de poder, pode gerar a absoluta desvalia das provas ilicitamente obtidas no curso da investigação policial. (...)". STF – HC 73.271, Rel. Min. Celso de Mello, DJ 19/03/1996.

decorrentes ou derivados, direta ou indiretamente, podendo, inclusive, no curso da respectiva apuração:

a) apresentar razões e quesitos;

Reforçando o direito à assistência defensiva, a Lei de Abuso de Autoridade (Lei 13.869/2019) passou a tipificar a conduta do agente público que prossegue com o interrogatório, sem a presença de advogado, de pessoa que tenha optado por ser juridicamente assistida:

> Art. 15. (...)
> Pena – detenção, de 1 (um) a 4 (quatro) anos, e multa.
> Parágrafo único. Incorre na mesma pena quem prossegue com o interrogatório: (...)
> II – de pessoa que tenha optado por ser assistida por advogado ou defensor público, sem a presença de seu patrono.

4.1.2. Defesa independentemente da condição atribuída ao indivíduo

Em regra, pleiteia o direito à defesa aquele que está concretamente sujeito à ação persecutória do Estado, como acusado em processo ou investigado em inquérito policial. Todavia, a reivindicação das prerrogativas defensivas não exige que o indivíduo ostente formalmente uma tal ou qual condição. Conforme a lição da jurisprudência do STF:

> Qualquer pessoa que sofra investigações penais, policiais ou parlamentares, ostentando, ou não, a condição formal de indiciado – ainda que convocada como testemunha (RTJ 163/626 – RTJ 176/805-806) – possui, dentre as várias prerrogativas que lhe são constitucionalmente asseguradas, o direito de permanecer em silêncio e de não produzir provas contra si própria, consoante reconhece a jurisprudência do Supremo Tribunal Federal (RTJ 141/512, Rel. Min. Celso de Mello) (STF – HC 94016, Rel. Min. Celso de Mello, DJ 16/09/2008).

De fato, a experiência prática já revelou não ser incomum convocar ou intimar o indivíduo para prestar depoimento – em procedimentos extrapenais, inclusive – na condição de testemunha, quando, em verdade, sua condição, à vista do fato em apuração, é a de investigado, real ou potencial (lembremos, a propósito, das massacrantes inquirições praticadas em CPIs).

Nessa perspectiva, se as circunstâncias colocam o indivíduo como potencial atingido pela investigação, deve-se-lhe facultar o acesso aos autos, bem como o subsequente exercício dos direitos que lhe sejam correlatos. Por certo, o direito de acesso ao inquérito – penal, civil, administrativo, parlamentar, etc. – independe de uma etiqueta na capa dos autos ou de registro eletrônico específico apontando o indivíduo como "investigado" ou algo do gênero, uma condição para a qual sequer existe um conceito técnico-normativo determinado que possa atestá-la. Além disso, é da essência da investigação seu caráter dinâmico. O indivíduo pode entrar na delegacia sob uma condição (testemunha) e sair em outra (indiciado).

O STF, atento a essas circunstâncias, solidificaria sua jurisprudência assentando que "o direito ao silêncio – e o de não produzir provas contra si próprio (HC 96.219-MC/SP, Rel. Min. Celso de Mello) – constitui prerrogativa individual que não pode ser desconsiderada por qualquer dos Poderes da República, *independentemente* – insista-se – *da condição formal (seja a de indiciado, seja a de testemunha) ostentada por quem é intimado a comparecer perante órgãos investigatórios do Estado*" (STF – HC 128390-MC, Rel. Min. Celso de Mello, j. 25/05/2015).

Assim, o âmbito de incidência do *direito ao advogado* é bastante amplo, contemplando posições jurídicas circunstancialmente aplicáveis inclusive em procedimentos extrapenais, e a qualquer indivíduo, independentemente da apontada condição que ostente.[87]

---

[87] Tome-se o exemplo das investigações parlamentares (CPIs), cuja participação do advogado deve ser plenamente assegurada, inclusive em reuniões reputadas

Paralelamente a essa, outra questão de relevância está em definir se o "investigado" tem o direito de procurar a informação, ainda incerta, acerca da existência de investigação instaurada contra si. Essa interessante situação ocorreu no âmbito da denominada *Operação Satiagraha*. O investigado soube, por meio de matéria jornalística, da existência de um inquérito (sigiloso) no qual estaria sendo investigado. A partir disso, sua defesa buscou informações junto a todos os juízos possíveis. Inexitosa, porque se lhe opunha invariavelmente o sigilo, a defesa impetrou sucessivos *habeas corpus*, até atingir o STF, que assentou:

> O Estatuto da Advocacia – ao dispor sobre o acesso do advogado investido de mandato aos procedimentos estatais que tramitam em regime de sigilo – assegura-lhe, como típica prerrogativa de ordem profissional, o direito de examinar os autos, sempre em benefício de seu constituinte, e em ordem a viabilizar, quanto a este, o exercício do direito de conhecer os dados probatórios já formalmente produzidos no âmbito da investigação penal, para que se possibilite a prática de direitos básicos de que também é titular aquele contra quem foi instaurada, pelo Poder Público, determinada persecução criminal. (STF – HC 95.009, Rel. Min. Eros Grau, DJ 18/12/2008)

A prática jurídica revela que a negativa de acesso, em circunstâncias tais, não é episódica. Já houve casos, inclusive, em que o juiz obstaculizou o acesso das informações à defesa mesmo após a eclosão da operação policial, que já fora noticiada pela imprensa. Em sede de reclamação,

---

secretas. Conforme o STF: "Assiste, por igual, a qualquer pessoa que compareça perante Comissão Parlamentar de Inquérito o direito de ser acompanhada por Advogado e de com este comunicar-se pessoal e reservadamente, não importando a condição formal por ela ostentada (inclusive a de testemunha), tal como expressamente assegurado pela jurisprudência constitucional do Supremo Tribunal Federal (HC 95.037-MC/SP, Rel. Min. Cármen Lúcia – HC 100.200/DF, Rel. Min. Joaquim Barbosa – HC 113.646-MC/DF, Rel. Min. Dias Toffoli – MS 23.452/RJ, Rel. Min. Celso de Mello – MS 30.906-MC/DF, Rel. Min. Celso de Mello, *v.g.*).
Daí o explícito reconhecimento, em sede legal, do direito de o depoente, quer como indiciado, quer como testemunha, 'fazer-se acompanhar de advogado, ainda que em reunião secreta' (Lei n° 1.579/52, art. 3°, § 2°, acrescentado pela Lei n° 10.679/2003)". (STF – HC 128390-MC, Rel. Min. Celso de Mello, j. 25/05/2015).

manejada sob o paradigma da Súmula Vinculante 14, o STF reconheceu ao indivíduo o direito de imediato acesso ao teor da investigação (STF – Rcl 13470, Rel. Min. Gilmar Mendes, j. 03/04/2012 – Medida Liminar). O início da atividade da defesa, portanto, não está subordinado à *ciência formal* (intimação, notificação, etc.) do indivíduo sobre a existência de algum específico procedimento instaurado contra si ou de alguma medida que já tenha afetado sua esfera de direitos (quebra de sigilo bancário, fiscal, busca e apreensão, etc.). Havendo notícia sobre a existência de investigação criminal que lhe afete, o indivíduo está legitimado a buscar junto ao Estado as informações pertinentes, bem como a agir em defesa de direitos que reputa ameaçados.

No mesmo sentido é a jurisprudência da Corte Interamericana de Direitos Humanos.[88] Desde a fase investigatória já se deve falar em direito de informação (acesso), direito de assistência, direito de participação (ativa ou negativa), enfim, de expressões de liberdade que decorrem da cláusula geral direito de defesa.[89] O Tribunal Europeu de Direitos Humanos compartilha desse mesmo entendimento, decidindo reiteradamente que o direito de defesa deve ser observado já na etapa preliminar à formulação de uma acusação formal.[90]

---

[88] El derecho a la defensa obliga al Estado a tratar al individuo en todo momento como un verdadero sujeto del proceso, en el más amplio sentido de este concepto, y no simplemente como objeto del mismo. CIDH – Cabrera Garcia y Montiel Flores *v.* Mexico, j. 26/11/2010.

[89] Corroborando essa concepção, a CIDH afirmou, em *Velez Loor v. Panama*, que o Estado recorrido deve propiciar a assistência técnica de um defensor desde o momento em que se ordena a abertura de uma investigação ou quando a autoridade execute atos que impliquem na afetação dos direitos do investigado: (...) Impedir a éste contar con la asistencia de su abogado defensor es limitar severamente el derecho a la defensa, lo que ocasiona desequilibrio procesal y deja al individuo sin tutela frente al ejercicio del poder punitivo. (...). CIDH – Vélez Loor *v.* Panamá. j. 23/11/2010. Assim também: CIDH – Barreto Leiva *v.* Venezuela. j. 17/11/2009.

[90] Em *Imbrioscia v. Suíça* (1993), a Corte Europeia reconheceu que as garantias de defesa previstas no art. 6º da Convenção aplicavam-se também aos procedimentos de investigação. TEDH – Imbrioscia *v.* Switzerland, j. 24/11/1993. No paradigmático caso John Murray *v.* Reino Unido (1996), o TEDH enfrentou a

4.1.3. Defesa perante qualquer órgão de Estado

Ainda relacionado aos tópicos anteriores, fica claro que manifestações de defesa relacionadas ao ambiente jurídico-penal não se realizam apenas perante o Poder Judiciário, ou a Polícia, mas perante qualquer autoridade, independentemente de seu signo institucional. Em quaisquer de suas fisionomias, o Estado está compromissado a respeitar e proteger os direitos individuais, uma atividade que está permanentemente sujeita ao controle jurisdicional.

Em relação ao Ministério Público, por exemplo, o STF disciplinou a matéria em alentada decisão que bem garante o dever de respeito irrestrito às prerrogativas da advocacia.[91] De modo semelhante, o STF apontou explícitos

---

seguinte situação: detido pela polícia, ao investigado foi negado o acesso a um advogado durante as primeiras 48 horas de sua detenção sob a justificativa de que tal acesso poderia interferir nas demais investigações em curso para apurar crimes de terrorismo. Neste meio tempo, o reclamante teria sido interrogado pela polícia por 12 vezes. A Corte Europeia entendeu que houve prejuízo aos direitos de defesa e salientou a importância da assistência de um advogado já nos primeiros momentos do inquérito policial. TEDH – John Murray v. the United Kingdom, j. 8/8/1996. Em Mageee v. Reino Unido (2000), além da ausência de advogado nos primeiros momentos da detenção do recorrente, alegou-se a existência de um ambiente hostil de investigação, em uma estratégia tomada pelos policiais de recusar aos detidos o acesso aos seus advogados e pressioná-los a fazer declarações incriminatórias. A Corte apontou que negar o acesso a advogados em situação em que os direitos de defesa estariam inevitavelmente prejudicados é medida que viola o art. 6º da Convenção. TEDH – Magee v. the United Kingdom, j. 06/09/2000. No caso O'Halloran e Francis v. Reino Unido (2007), entendeu a Corte Europeia que, mesmo na ausência de qualquer procedimento judicial ou pré-processual, aplicam-se as garantias previstas no art. 6º da Convenção. No original: (...) *In any event, Article 6 of the Convention can be applicable to cases of compulsion to give evidence even in the absence of any other proceedings (...)*". TEDH – O'Halloran and Francis v. the United Kingdom, j. 29/11/2007.

[91] "O Ministério Público, sem prejuízo da fiscalização intra-orgânica e daquela desempenhada pelo Conselho Nacional do Ministério Público, está permanentemente sujeito ao controle jurisdicional dos atos que pratique no âmbito das investigações penais que promova *ex própria auctoritate*, não podendo dentre outras limitações de ordem jurídica, desrespeitar o direito do investigado ao silêncio, nem lhe ordenar a condução coercitiva, nem constrangê-lo a produzir prova contra si próprio, nem lhe recusar o conhecimento das razões motivadoras do procedimento investigatório, nem submetê-lo a medidas sujeitas à reserva constitucional de jurisdição, nem impedi-lo de fazer-se acompanhar de Advogado, nem impor a este indevidas restrições ao regular desempenho de suas prerro-

limites à atuação das Comissões Parlamentares de Inquérito, sobretudo no que respeita aos direitos do advogado de prestar efetiva assistência técnica ao cliente.⁹² Essa é a linha da jurisprudência da Corte Interamericana de Direitos Humanos na aplicação da respectiva Convenção. Em *Aguirre Roca, Rey Terry e Revoredo Marsano v. Perú*, assevera a Corte que as garantias do devido processo legal são exigíveis junto a qualquer autoridade pública,

---

gativas profissionais (Lei 8.906/94, art. 7º, *v.g.*). (...)". STF – HC 89.837, Rel. Min. Celso de Mello, DJ 19/11/2009.

Assim também: "Convém advertir que o poder de investigar do Ministério Público não pode ser exercido de forma ampla e irrestrita, sem qualquer controle, sob pena de agredir, inevitavelmente, direitos fundamentais. A atividade de investigação, seja ela exercida pela Polícia ou pelo Ministério Público, merece, por sua própria natureza, vigilância e controle. (...) veja-se que o pleno conhecimento dos atos de investigação, como bem afirmado na Súmula Vinculante 14, exige não apenas que a essas investigações se aplique o *princípio do amplo conhecimento de provas e investigações*, como também se formalize o ato investigativo. Para tanto, é obrigatório que se emita um ato formal de instauração de procedimento administrativo penal no Ministério Público. Não é razoável que se dê menos formalismo à investigação do Ministério Público do que aquele exigido para as investigações policiais". STF – HC 84.965, Rel. Min. Gilmar Mendes, DJ 11/4/2012.

⁹² "Tendo presentes as razões expostas – e considerando, sobretudo, as graves alegações constantes desta impetração –, defiro o pedido de medida liminar, para, nos estritos termos da Lei nº 8.906, de 04/7/94 (Estatuto da Advocacia), assegurar, ao ora impetrante, que é Advogado regularmente inscrito nos quadros da OAB (...), a observância e o respeito, por parte do Senhor Presidente da CPI/Narcotráfico, e dos membros que a compõem, das seguintes prerrogativas estabelecidas no diploma legislativo mencionado: (a) receber, no exercício de suas atribuições profissionais, 'tratamento compatível com a dignidade da Advocacia', além de ter garantidas, para esse efeito, condições adequadas ao desempenho de seu encargo profissional; (b) direito de exercer, sem indevidas restrições, com liberdade e independência, a atividade profissional de Advogado perante a CPI/Narcotráfico; (c) direito de manter contacto com o seu cliente, podendo interferir, nas hipóteses contempladas em lei, com o objetivo de dispensar-lhe efetiva assistência técnica que dê sentido e concreção à garantia constitucional que confere, a qualquer um – indiciado, ou não –, o privilégio contra a auto-incriminação; (d) direito de 'permanecer sentado ou em pé (...), independentemente de licença', durante o período de inquirição de seu constituinte; (e) direito de 'falar, sentado ou em pé' perante a CPI/Narcotráfico (Lei nº 8.906/94, art. 7º, XII), quando se revelar necessário intervir, verbalmente, para esclarecer equívoco ou dúvida em relação a fatos, documentos ou afirmações que guardem pertinência com o objeto da investigação legislativa, desde que o uso da palavra se faça pela ordem, observadas as normas regimentais que disciplinam os trabalhos das Comissões Parlamentares de Inquérito." (STF – MS 23576, Rel. Min. Celso de Mello, DJ 07/12/1999).

seja administrativa, legislativa ou *judicial*, que através de seus atos exerça funções de caráter "materialmente jurisdicional".[93]

4.2. Direito de Defesa

4.2.1. Direito de ser informado de seus direitos

O indivíduo, em interface com o Estado, deve ser informado (advertido) sobre seus direitos constitucionais, dentre os quais, e em primeira mão, o direito à assistência técnica de um advogado e o direito à não autoincriminação, aí incluída a desobrigatoriedade de, sob qualquer forma, prestar depoimento ou prover o Estado com qualquer tipo de informação tendente a instruir a investigação.

No âmbito internacional, é conhecida a decisão-referência da Suprema Corte dos Estados Unidos *Miranda v. Arizona* (384 US 436, 1966). O caso envolvia a prisão de Ernesto Miranda por suposta prática de sequestro seguido de violação sexual. Levado, sob custódia, à delegacia policial, Miranda foi identificado pela vítima do delito. Após ser interrogado por dois policiais, Miranda assinou uma declaração na qual confessava os fatos. No cabeçalho dessa declaração constava que ela fora prestada voluntariamente, sem coação e com pleno conhecimento dos direitos reconhecidos ao investigado (inclusive a suposta ciência de que qualquer declaração poderia ser utilizada em seu desfavor). Ouvidos em juízo, os policiais admitiram não ter informado o investigado sobre o direito à assistência de advogado. Miranda foi condenado a uma pena entre 20 e 30 anos de prisão. Em apelação, o tribunal do Arizona manteve hígida a condenação ao enfático argumento de que os direitos de Miranda não foram violados na

---

[93] "Por la razón mencionada, esta Corte considera que cualquier órgano del Estado que ejerza funciones de carácter materialmente jurisdiccional, tiene la obligación de adoptar resoluciones apegadas a las garantías del debido proceso legal en los términos del artículo 8 de la Convención Americana". CIDH – Aguirre Roca, Rey Terry e Revoredo Marsano *v.* Perú, j. 31/01/2001.

medida em que ele não requerera especificamente a presença de advogado. A Suprema Corte dos EUA reverteu a decisão, apontando inexistir dúvida de que Miranda *não fora advertido de seus direitos*, dentre os quais de consultar previamente um advogado e de tê-lo presente em seu interrogatório, bem como o de não ser obrigado a autoincriminar-se.[94]

A questão de fundo, aqui, não diz respeito ao conteúdo dos direitos à assistência jurídica e à não autoincriminação, igualmente assegurados pelo regime constitucional brasileiro. O ponto é outro: trata-se do direito a ser informado sobre tais direitos, em ordem a possibilitar que o indivíduo possa exercê-los em sua plenitude. Sem prévio conhecimento acerca dos direitos que lhe assistem, sobretudo em situação de custódia ou assemelhada hipótese de sujeição (*v.g.*, na execução de busca e apreensão), o indivíduo não estará em condições de reivindicá-los ou decidir livremente sobre seu não exercício.

A Constituição, por isso, obriga o Estado, explicitamente, a informar ao indivíduo sobre a titularidade e possibilidade de exercício desses direitos:

> CF – Art. 5º (...) LXIII – o preso *será informado de seus direitos*, entre os quais o de permanecer calado, sendo-lhe assegurada a assistência da família e de advogado;

Da mesma forma, a lei processual penal assim o faz:

> CPP – Art. 289-A (...) § 4º. O preso *será informado de seus direitos*, nos termos do inciso LXIII do art. 5º da Constituição Federal e, caso o autuado não informe o nome de seu advogado, será comunicado à Defensoria Pública.

> CPP – Art. 186. Depois de devidamente qualificado e *cientificado* do inteiro teor da acusação, o acusado *será informado pelo juiz*, antes de iniciar o interrogatório, do seu

---

[94] Assentou a Suprema Corte dos Estados Unidos: "Without these warnings, the statements were inadmissible. The mere fact that he signed a statement which contained a typed-in clause stating that he had 'full knowledge' of his 'legal rights' does not approach the knowing and intelligent waiver required to relinquish constitutional rights". *Miranda v. Arizona* (384 US 436, 1966)

direito de permanecer calado e de não responder perguntas que lhe forem formuladas.

Nesse mesmo sentido, prevê, o Pacto Internacional Sobre Direitos Civis e Políticos:

Art. 14 (...) 3. Toda pessoa acusada de um delito terá direito, em plena igualmente, a, pelo menos, as seguintes garantias: (...) c. (...) de ser informado, caso não tenha defensor, do direito que lhe assiste de tê-lo e, sempre que o interesse da justiça assim exija, de ter um defensor designado ex-offício gratuitamente, se não tiver meios para remunerá-lo;

A despeito de todo esse grau normatividade, estudo empírico realizado em 2016 na cidade de São Paulo ilustra uma realidade preocupante: a grande maioria dos presos em flagrante não é cientificada de seus direitos. "Apenas 20,1% dos entrevistados disseram ter sido informados sobre o direito a permanecerem em silêncio sem que isso fosse usado em seu prejuízo, enquanto apenas 22,3% receberam a informação de que teriam direito a um advogado. Não obstante, em todos os boletins de ocorrência constou a informação de que todos os direitos assegurados às pessoas presas foram informados no momento da prisão".[95]

É ônus do Estado demonstrar que efetivamente proveu o indivíduo com as informações acerca dos direitos que lhe assistem. A falta de expressa comprovação dessa advertência é causa conducente à invalidade do ato (v.g., do interrogatório ou de qualquer outro ato que tenha tido a participação do indivíduo), por omissão de formalidade essencial (art. 564, IV, do CPP).

Assim reconhece o STF em diversas passagens de sua jurisprudência: "a falta da advertência quanto ao direito ao silêncio, como já acentuou o Supremo Tribunal, torna ilícita 'prova que, contra si mesmo, forneça o indiciado ou

---

[95] IDDD, Liberdade em foco. Redução do uso abusivo da prisão provisória na cidade de São Paulo, 2016, p. 32, disponível em: <https://www.conjur.com.br/dl/estudo-idddl.pdf>.

acusado (...)' (STF – RHC 122279, Rel. Min. Gilmar Mendes, j. 12/08/2014). A decisão em referência revigora a orientação ditada em decisão anterior, à qual é remissiva, em que o STF reconheceu a invalidade da utilização, nos autos, de transcrição de 'conversa informal' mantida entre a autoridade policial e o investigado, sem que este tenha sido advertido do direito ao silêncio. Conforme expôs o Ministro Sepúlveda Pertence, 'a falta de advertência – e como é óbvio, da sua documentação formal – faz ilícita a prova que, contra si mesmo, forneça o acusado (...)'. E conclui: 'à luz da garantia do art. 5º, LXIII, basta, à caracterização da ilicitude da prova, a manifesta ausência da advertência do direito a ficar calado, que a Constituição ordena'." (STF – HC 80949, Rel. Sepúlveda Pertence, Primeira Turma, j. 30/10/2001).[96]

Em paradigmática decisão da relatoria do e. Ministro Rogerio Schietti, o STJ assentou importante barreira ético-legal de que se deve revestir a ação do Estado em circunstâncias tais, sendo-lhe defeso induzir o indivíduo à produção de prova favorável ao interesse punitivo estatal. No caso concreto, o magistrado de primeira instância, antes de iniciar o depoimento de *adolescente apontado como infrator*, advertiu-o de que o depoente seria *novamente apreendido se não falasse a verdade*. Nesses termos, decidiu o STJ:

> (...) 2. Uma dessas limitações, de feição ética, ao poder--dever de investigar a verdade dos fatos é, precisamente, a impossibilidade de obrigar ou induzir o réu a colaborar com sua própria condenação, por meio de declarações

---

[96] "(...) 4. O privilégio contra a auto-incriminação – *nemo tenetur se detegere* –, erigido em garantia fundamental pela Constituição – além da inconstitucionalidade superveniente da parte final do art. 186 C.Pr.Pen. – importou compelir o inquiridor, na polícia ou em juízo, ao dever de advertir o interrogado do seu direito ao silêncio: *a falta da advertência – e da sua documentação formal – faz ilícita a prova que, contra si mesmo, forneça o indiciado ou acusado* no interrogatório formal e, com mais razão, em 'conversa informal' gravada, clandestinamente ou não. (...)" STF – HC 80949, Rel. Sepúlveda Pertence, Primeira Turma, j. 30/10/2001.

ou fornecimento de provas que contribuam para comprovar a acusação que pesa em seu desfavor. Daí por que a Constituição assegura ao preso o "direito de permanecer calado" (art. 5º, LXIII), cuja leitura meramente literal poderia levar à conclusão de que somente o acusado, e mais ainda o preso, é titular do direito a não produzir prova contra si.

3. Na verdade, qualquer pessoa, ao confrontar-se com o Estado em sua atividade persecutória, deve ter a proteção jurídica contra eventual tentativa de induzir-lhe a produção de prova favorável ao interesse punitivo estatal, especialmente se do silêncio puder decorrer responsabilização penal do próprio depoente. (...)

8. É ilícita, portanto, a prova produzida e, por ter sido desfavorável ao réu e ter-lhe causado notório e inquestionável prejuízo, há de ser afastada, com a consequente anulação da sentença condenatória, de modo a que seja refeito o ato decisório, sem que conste, do seu teor e da argumentação judicial, esse depoimento. (...)

9. Ordem concedida em parte, a fim de anular o processo a partir, inclusive, da sentença. Deve o juiz desentranhar dos autos o depoimento do adolescente M. S. da C, colhido judicialmente, e proferir nova sentença, com o conjunto das provas restantes. (STJ – HC 330.559, Rel. Min. Rogerio Schietti Cruz, j. 25/09/2018).

Situação: A prática jurídica contabiliza caso inusitado. Em operação policial deflagrada na Região Sul do Brasil, o juiz determinou, no próprio mandado de busca e apreensão de aparelhos móveis de celular (*smartphones*) que o investigado, alvo do mandado, disponibilizasse a senha do dispositivo ao investigador. Essa situação é característica violação ao direito ao silêncio (*nemo tenetur se detegere*), bem como, antes disso, ao próprio direito do investigado de ser informado sobre seus direitos, dentre os quais de não prestar colaboração com o Estado no provimento de informação tendentes a incriminá-lo.

4.2.2. *Direito ao silêncio e à não autoincriminação*

O direito ao silêncio é a emanação mais conhecida do direito à não autoincriminação (*nemo tenetur se detegere*), um direito de amplo reconhecimento nas democracias internacionais, cuja primeira previsão constitucional expressa remonta à 5ª Emenda à Constituição Americana, introduzida pelo *Bill of Rights* de 1791.[97]

Textualmente, o art. 5°, LXIII, da Constituição Federal dispõe que "o preso será informado de seus direitos, entre os quais o de *permanecer calado* (...)". A abrangência da garantia não está restrita ao indivíduo preso (STF, HC 82.354, Rel. Min. Sepúlveda Pertence, j. 10/08/2004). O art. 186 do CPP assegura igual direito ao silêncio independentemente da condição do indivíduo, preso ou solto:

> CPP – Art. 186. Depois de devidamente qualificado e cientificado do inteiro teor da acusação, o acusado será informado pelo juiz, antes de iniciar o interrogatório, do seu *direito de permanecer calado e de não responder perguntas que lhe forem formuladas*.[98]

A Convenção Americana sobre Direitos Humanos igualmente assegura o direito, sem restrições à condição do indivíduo:

> Art. 8 (...) 2. Toda pessoa acusada de delito tem direito a que se presuma sua inocência enquanto não se comprove legalmente sua culpa. Durante o processo, toda pessoa tem direito, em plena igualdade, às seguintes garantias mínimas: (...) g. direito de não ser obrigado a depor contra si mesma, nem a declarar-se culpada;

---

[97] Article [V] (Amendment 5 – Rights of Persons) – No person (...) shall be compelled in any criminal case to be a witness against himself, nor be deprived of life, liberty, or property, without due process of law (...).

[98] Conforme art. 6°, V, do CPP, o dispositivo é aplicável ao âmbito do inquérito policial: "Art. 6°. Logo que tiver conhecimento da prática da infração penal, a autoridade policial deverá: (...) V – ouvir o indiciado, *com observância*, no que for aplicável, *do disposto no Capítulo III do Título VII, deste Livro*, devendo o respectivo termo ser assinado por duas testemunhas que lhe tenham ouvido a leitura".

Na mesma linha, o Pacto Internacional sobre Direitos Civis e Políticos:

14 (...) 3. Toda pessoa acusada de um delito terá direito, em plena igualmente, a, pelo menos, as seguintes garantias: (...) g) De não ser obrigada a depor contra si mesma, nem a confessar-se culpada.

Outrossim, o direito à não autoincriminação aplica-se mesmo fora do ambiente jurídico-penal propriamente dito, tal o caso das investigações parlamentares (CPIs), que igualmente devem respeito aos direitos individuais, independentemente da condição ocupada pelo indivíduo:

Qualquer pessoa que sofra investigações penais, policiais ou parlamentares, ostentando, ou não, a condição formal de indiciado – ainda que convocada como testemunha (RTJ 163/626 – RTJ 176/805-806) – possui, dentre as várias prerrogativas que lhe são constitucionalmente asseguradas, o direito de permanecer em silêncio e de não produzir provas contra si própria, consoante reconhece a jurisprudência do Supremo Tribunal Federal (RTJ 141/512, Rel. Min. Celso de Mello). (STF – HC 94016, Rel. Min. Celso de Mello, DJ 16/09/2008).

Como acentuou o Min. Celso de Mello, "o direito ao silêncio – e o de não produzir provas contra si próprio (HC 96.219-MC/SP, Rel. Min. Celso de Mello) – constitui *prerrogativa individual que não pode ser desconsiderada por qualquer dos Poderes da República*, independentemente – insista-se – da condição formal (seja a de indiciado, seja a de testemunha) *ostentada por quem é intimado a comparecer perante órgãos investigatórios do Estado"* (STF – HC 128390, Rel. Min. Celso de Mello, Medida Cautelar, j. 25/05/2015).

Ainda conforme a jurisprudência do STF, o indivíduo sujeito à ação persecutória do Estado – suspeito, indiciado ou acusado – possui, dentre outras prerrogativas básicas, (a) o direito a permanecer em silêncio, (b) o direito de não ser compelido a produzir elementos de incriminação contra si próprio, (c) o direito de não ser constrangido a apresentar provas que lhe comprometam a defesa, (d) o direito de se recusar a participar, ativa ou passivamente, de procedimentos probatórios que lhe possam afetar a esfera jurídica.[99]

É emblemático o caso julgado pelo STJ em que o tribunal censurou a intervenção de juiz advertira o adolescente implicado de que "se não falasse a verdade" poderia "ser novamente apreendido" (STJ – HC 330.559, Rel. Min. Rogerio Schietti Cruz, j. 02/10/2018).

O momento clássico em que o indivíduo é chamado a falar pessoalmente sobre a acusação (ou a investigação, conforme seja) é o momento do interrogatório, ocasião em que poderá lançar mão do silêncio (direito de permanecer calado e de não responder perguntas que lhe forem formuladas), sem que daí decorra – em tese – prejuízo à sua defesa.[100]

No Brasil, o exercício do direito ao silêncio autoriza o indivíduo a negar, ainda que falsamente, a prática da infração penal.[101] A interpretação mais respeitosa com o direito em questão é, de fato, a que nele compreende um "direito a mentir", pois, do contrário, estaríamos reduzindo sensivelmente seu conteúdo, uma vez que "se negamos

---

[99] Entre outros comportamentos a que o indivíduo não está compelido a participar a decisão cita: a reprodução simulada do evento delituoso e o fornecimento de padrões gráficos ou de padrões vocais, para efeito de perícia criminal. (STF – HC 96219-MC, Rel. Min. Celso de Mello, j. 09/10/2008).

[100] CPP – Art. 186. Depois de devidamente qualificado e cientificado do inteiro teor da acusação, o acusado será informado pelo juiz, antes de iniciar o interrogatório, do seu direito de permanecer calado e de não responder perguntas que lhe forem formuladas. Parágrafo único. O silêncio, que não importará em confissão, não poderá ser interpretado em prejuízo da defesa.

[101] "(...) O direito de permanecer em silêncio insere-se no alcance concreto da cláusula constitucional do devido processo legal. E nesse direito ao silêncio inclui-se, até mesmo por implicitude, a prerrogativa processual do acusado negar, ainda que falsamente, perante a autoridade policial ou judiciária, a prática de infração penal". (STF – HC 68.929, Rel. Min. Celso de Mello, j. 22/10/1991). Diferente é a situação nos Estados Unidos ou na Inglaterra, onde o acusado goza do direito ao silêncio, porém, se escolhe declarar, estará imediatamente transportado à condição de testemunha, havendo de prestar juramento e sujeitando-se a eventual crime de perjúrio.

o direito à mentira, o silêncio do acusado é claramente interpretável".[102]

Há casos em que a conduta, a despeito de aparentemente criminosa (típica), não deve receber enquadramento jurídico-penal, porque realizada no preciso escopo de sua defesa. Tal é a hipótese da calúnia, manifestada pelo acusado, em interrogatório, no intuito de se desvencilhar da responsabilidade penal. Havendo vinculação temática entre a imputação, a terceiro, de fato criminoso e o inquérito ou a ação penal à qual responde o indivíduo, estar-se-á na esfera de proteção do direito de defesa, sendo vedado ao Estado criminalizar ações que se encontrem dentro do âmbito de proteção do direito fundamental.[103] Além do mais, o *animus* de defesa, manifestado em nítida situação processual reivindicadora da prerrogativa contra a autoincriminação, afasta a opção criminalizadora.

O silêncio pode ser exercido *total* ou *parcialmente*, projetando sobre determinados atos processuais e, mesmo dentro de cada ato, sobre parte dele. Exemplificativamente, o acusado pode, desde logo, indicar que não responderá ao interrogatório, como pode, por exemplo, atuar seletivamente, responder apenas algumas perguntas das autoridades públicas, ou mesmo apenas aquelas dirigidas por seu advogado.

No ponto, situação claramente restritiva do direito ocorreu em caso que viralizou nas redes sociais. Tratava-se de audiência de interrogatório – ao que se noticiou, na Justiça Federal em Santos/SP – em que o acusado, assisti-

---

[102] BARJA DE QUIROGA, López, "El Derecho a Guardar Silencio y a No Incriminarse", in Derechos Procesales Fundamentales, AAVV, Madrid: Consejo General del Poder Judicial, 2004, *in* ORMAZÁBAL SÁNCHEZ, Guillermo, *El Derecho a No Incriminarse*, Madrid: Civitas, 2015.

[103] Imagine-se a seguinte situação: o juiz, em audiência, dirige ao acusado a seguinte pergunta: "- Sr. A., conforme a descrição da denúncia, o fato aqui narrado teria sido praticado pelo senhor. No local do fato só havia mais uma pessoa além do senhor, que era o Sr. B. Afinal, quem praticou essa conduta: o senhor ou o Sr. B?". A única resposta compatível com o direito à não autoincriminação, que não seja o silêncio, é a afirmação de que a responsabilidade deve recair sobre o Sr. B.

do por seu advogado, refere à magistrada que responderá apenas às perguntas formuladas por seu advogado. A juíza rejeita essa postura, afirmando que seria inconstitucional, pois violaria o contraditório e a paridade de armas. Sob o silêncio absoluto do Ministério Público, o defensor, corretamente, insiste: "não é isso o que ele postula; ele postula responder às perguntas de seu defensor, apenas". A juíza encerra o ato sem ouvir o acusado, considerando que ele estaria lançando mão do direito ao silêncio.

A propósito, em recente julgado o STJ anulou ato processual em que o juiz impedira o exercício parcial do direito ao silêncio. A defesa havia consignado que "a orientação da defesa técnica é que o Réu (...) responda tão somente as perguntas de seu advogado, utilizando o direito ao silêncio no que tange a Vossa Excelência e ao Ministério Público", sendo censurado pelo juiz da causa, nos seguintes termos: "eu não vou deferir este tipo de conduta. O Sr. pode recorrer, porque está indeferido, ou ele responde às perguntas de todos ou não, ou ele fica em silêncio.". Analisando o cenário narrado, o STJ determinou a realização de nova audiência de instrução, "oportunizando-se, ao paciente, seu interrogatório assim como se manifestar livremente quanto ao mérito, seja de forma espontânea ou sob condução de perguntas de qualquer das autoridades, especialmente, do seu próprio patrocínio". (STJ – HC 628.224, Rel. Min. Felix Fischer, j. 07/12/2020).

Ainda incrustado nessa perspectiva de exercício da defesa há o acolhimento de uma espécie de *direito de resistência*, no sentido de admitir-se como legítima, até certo ponto, a reação inconformada, mas pacífica, do indivíduo em face de decisão que estima injusta. Embora sejam questões que transcendam ao direito de defesa propriamente dito, há importantes passagens da jurisprudência do STF que abordam o ponto.[104]

---

[104] "(...) Conforme jurisprudência desta Corte, não pode justificar uma ordem de prisão a fuga posterior a sua decretação, cuja validade se contesta em juízo (...) Do contrário, seria impor ao acusado, para questioná-la, o ônus de submeter-se a prisão processual que entende ilegal ou abusiva (...)" (STF – HC 85900,

O STF reconhece a desobrigatoriedade do indivíduo em participar ativamente de qualquer ato que possa afetá-lo.[105] Cuida-se, pois, de prerrogativa constitucional "inteiramente oponível a qualquer autoridade ou agente do Estado", e que não legitima, por essa mesma razão, "a adoção de medidas que afetem ou que restrinjam a esfera jurídica" do cidadão (STF – HC 99289, Rel. Min. Celso de Mello, DJe 04/11/2011). O acusado não está obrigado, por

---

Rel. Min. Sepúlveda Pertence j. 30/08/2005); "(...) A mera evasão do distrito da culpa – seja para evitar a configuração do estado de flagrância, seja, ainda, para questionar a legalidade e/ou validade da própria decisão de custódia cautelar – não basta, por si só, para justificar a decretação ou a manutenção da medida excepcional de privação cautelar da liberdade individual do indiciado ou do réu. (...)" (STF – HC 89501, Rel. Min. Celso de Mello, Segunda Turma, j. 12/12/2006); "(...) é legitima a fuga do réu para impedir prisão preventiva que considere ilegal, porque não lhe pesa ônus de se submeter a prisão cuja legalidade pretende contestar (...)" (STF – HC 93296, Rel. Min. Cezar Peluso, Segunda Turma, j. 20/04/2010); "(...) a mera possibilidade de evasão do distrito da culpa – seja para evitar a configuração do estado de flagrância, seja, ainda, para questionar a legalidade e/ou a validade da própria decisão de custódia cautelar – não basta, só por si, para justificar a decretação ou a manutenção da medida excepcional de privação cautelar da liberdade individual do indiciado ou do réu. (...) impõe-se reiterar a asserção (e advertência) de que não cabe prisão preventiva pelo só fato de o agente – movido pelo impulso natural da liberdade – ausentar-se do distrito da culpa, ainda mais quando ele contesta, como sucede na espécie, a validade jurídica da decisão que lhe afetou o *status libertatis*" (STF – HC 92751, Rel. Min. Celso de Mello, Segunda Turma, j. 09/08/2011).
[105] Sobressai-se: "(...) II. Prisão preventiva: fundamentação inadequada. Não constituem fundamentos idôneos, por si sós, à prisão preventiva: (...) b) a consideração de que, interrogado, o acusado não haja demonstrado 'interesse em cooperar com a Justiça'; ao indiciado não cabe o ônus de cooperar de qualquer modo com a apuração dos fatos que o possam incriminar – que é todo dos organismos estatais de repressão penal; (...) d) o subtrair-se o acusado, escondendo-se, ao cumprimento do decreto anterior de prisão processual". (STF – HC 79781, Rel. Min. Sepúlveda Pertence, Primeira Turma, j. 18/04/2000). Retira-se do Voto do Relator: "De sua vez, é patente a impertinência da alusão – a título de justificativa da prisão cautelar – à 'falta de interesse em colaborar com a Justiça' evidenciada, não apenas pela alegada evasão, mas também no fato de que 'haverem respondido às perguntas de seus interrogatórios de forma desdenhosa e evasiva, mesmo sabedores que tais versões não encontram guarida no caderno investigatório'. Dispenso-me da custosa demonstração do óbvio de que ao indiciado não cabe o ônus de colaborar de qualquer modo com a apuração dos fatos que o possam incriminar – que é todo dos organismos estatais de repressão – e que, ao contrário, o que lhe assegura a Constituição é o direito ao silêncio, quando não à própria mentira (HC 75257, Moreira, 17.06.97, DJ 29.08.97; HC 68929, 1ª T., Celso, 22.11.91, RTJ 149/494)".

exemplo, a fornecer padrão gráfico ou padrão vocal para exame pericial.[106] [107]

4.2.3. Direito de comunicação livre e reservada com o defensor

A comunicação entre cliente e advogado deve ser livre e reservada, inclusive na hipótese em que o assistido se encontre preso. A propósito, a Constituição, ao tempo em que assegura a assistência de advogado (art. 5º, LXIII), veda a incomunicabilidade do preso, inclusive na vigência do *estado de defesa* (art. 136, § 3º, IV).[108]

---

[106] "Diante do princípio *nemo tenetur se detegere*, que informa o nosso direito de punir, é fora de dúvida que o dispositivo do inciso IV do art. 174 do Código de Processo Penal há de ser interpretado no sentido de não poder ser o indiciado compelido a fornecer padrões gráficos do próprio punho, para os exames periciais, cabendo apenas ser intimado para fazê-lo a seu alvedrio". STF – HC 77135, Rel. Min. Ilmar Galvão, j. 08/09/1998.

"O Estado – que não tem o direito de tratar suspeitos, indiciados ou réus como se culpados fossem (RTJ 176/805-806) – também não pode constrangê-los a produzir provas contra si próprios (RTJ 141/512). Aquele que sofre persecução penal instaurada pelo Estado tem, dentre outras prerrogativas básicas, o direito (a) de permanecer em silêncio, (b) de não ser compelido a produzir elementos de incriminação contra si próprio nem constrangido a apresentar provas que lhe comprometam a defesa e (c) de se recusar a participar, ativa ou passivamente, de procedimentos probatórios que lhe possam afetar a esfera jurídica, tais como a reprodução simulada do evento delituoso e o fornecimento de padrões gráficos ou de padrões vocais, para efeito de perícia criminal" STF – HC 96.219-MC, Rel. Min. Celso de Mello, j. 09/10/2008.

[107] Mais problemática, sobretudo em relação à fundamentação utilizada, foi a decisão do STF em relação ao art. 305 do Código de Trânsito Brasileiro. Recorrendo à perigosa linguagem de flexibilização dos direitos fundamentais, o STF reputou constitucional a criminalização – autônoma – da conduta do condutor em afastar-se do local do acidente para fugir à responsabilidade penal ou civil que lhe possa ser atribuída: "(...) é admissível a flexibilização do princípio da vedação à autoincriminação proporcionada pela opção do legislador de criminalizar a conduta de fugir do local do acidente. De fato, tal procedimento não afeta o núcleo irredutível daquela garantia enquanto direito fundamental, qual seja, jamais obrigar o investigado ou réu a agir ativamente na produção de prova contra si próprio. (...). (STF – RE 971959, Rel. Min. Luiz Fux, j. 14/11/2018, Informativo 923/STF). Conforme ata de julgamento, o STF, após dar provimento, por maioria, ao recurso extraordinário, fixou, também por maioria, a seguinte tese: "A regra que prevê o crime do art. 305 do Código de Trânsito Brasileiro (Lei nº 9.503/97) é constitucional, posto não infirmar o princípio da não incriminação, garantido o direito ao silêncio e ressalvadas as hipóteses de exclusão da tipicidade e da antijuridicidade".

Canalizada para o ambiente processual (aqui compreendido desde a fase investigatória), a questão mereceu detalhamento por parte do legislador, que expressamente fixou, no CPP, o direito de entrevista prévia e reservada do preso com seu defensor:

> Art. 185. (...)
>
> § 5º Em qualquer modalidade de interrogatório, o juiz garantirá ao réu o *direito de entrevista prévia e reservada com o seu defensor*; se realizado por videoconferência, fica também garantido o acesso a canais telefônicos reservados para comunicação entre o defensor que esteja no presídio e o advogado presente na sala de audiência do Fórum, e entre este e o preso.

De igual modo, sob a perspectiva da atuação profissional dos advogados, prevê a Lei 8.906/94 (Estatuto da Advocacia) que o direito de comunicação reservada entre cliente e advogado será assegurado "mesmo sem procuração", amparando aquelas situações, por exemplo, em que o advogado tem o primeiro contato com o assistido imediatamente após a efetivação de medida restritiva de liberdade:

> Art. 7º São direitos do advogado: (...)
>
> III – comunicar-se com seus clientes, pessoal e reservadamente, mesmo sem procuração, quando estes se acharem presos, detidos ou recolhidos em estabelecimentos civis ou militares, ainda que considerados incomunicáveis;

Ademais, a Lei 13.869/19 (Lei de Abuso de Autoridade) definiu como crime:

> Art. 20. Impedir, sem justa causa, a entrevista pessoal e reservada do preso com seu advogado:
>
> Pena – detenção, de 6 (seis) meses a 2 (dois) anos, e multa.
>
> Parágrafo único. Incorre na mesma pena quem impede o preso, o réu solto ou o investigado de entrevistar-se pes-

---

[108] Art. 136. O Presidente da República pode, ouvidos o Conselho da República e o Conselho de Defesa Nacional, decretar estado de defesa (...). § 3º Na vigência do estado de defesa: (...) IV – é vedada a incomunicabilidade do preso.

soal e reservadamente com seu advogado ou defensor, por prazo razoável, antes de audiência judicial, e de sentar-se ao seu lado e com ele comunicar-se durante a audiência, salvo no curso de interrogatório ou no caso de audiência realizada por videoconferência.

Aspecto importante do direito de comunicação pessoal e reservada com o defensor diz com sua subsistência durante todo o ato instrutório, inclusive durante o depoimento. Conforme decidiu o STF, o direito de ser assistido por advogado, e de com este comunicar-se, pessoal e reservadamente, deve ser reconhecido "sem qualquer restrição, *durante o curso de seu depoimento*" (STF – HC 173.925, Rel. Min. Celso de Mello, Decisão Liminar, 05/08/2019).

Ainda da jurisprudência do STF destaca-se a decisão monocrática tomada pelo Ministro Celso de Mello, na Extradição 1085, envolvendo o nacional italiano Cesare Battisti, à época preso no Brasil sob acusação de homicídios cometidos em seu país. Segundo a decisão, apesar das notórias dificuldades de ordem material que afligem o sistema prisional, deve-se assegurar a conversa entre advogado e cliente "pessoal e reservadamente".[109]

O direito de livre comunicação entre o assistido e seu defensor também ocupa *status* supralegal. Figura dentre as garantias judiciais previstas na Convenção Americana sobre Direitos Humanos o "direito do acusado de defender-se pessoalmente ou de ser assistido por um defensor de sua escolha e de *comunicar-se, livremente e em particular, com seu defensor*" (art. 8º, § 2º, d).

Igualmente, o Pacto Internacional sobre Direitos Civis e Políticos (PIDCP) prevê que toda pessoa acusada de um delito terá direito "se dispor do tempo e dos meios

---

[109] "A outorga, ao extraditando, da garantia que lhe assegura o direito de se entrevistar, 'pessoal e reservadamente', com seus Advogados, quando preso, não traduz privilégio indevido, pois se trata de *prerrogativa legítima, que, assegurada pela Constituição e pelas leis da República, deve ser respeitada por quaisquer agentes e órgãos do Estado, sob pena de arbitrário comprometimento do direito público subjetivo à plenitude de defesa* (CF, art. 5º, LV)". STF – Ext 1085/IT – Itália, Rel. Min. Celso de Mello, j. 26/06/2007.

necessários à preparação de sua defesa e a *comunicar-se com defensor de sua escolha*" (art. 14.3, b).

Também o Conjunto de Princípios para a Proteção de Todas as Pessoas Sujeitas a Qualquer Forma de Detenção ou Prisão (ONU)[110] estatui que "as entrevistas entre a pessoa detida ou presa e o seu advogado podem ocorrer à vista, mas não em condições de serem ouvidas pelo funcionário encarregado de fazer cumprir a lei" (18.4).

Os Princípios Básicos Relativos à Função dos Advogados, adotados pelo Oitavo Congresso das Nações Unidas para a Prevenção do Crime e o Tratamento dos Delinquentes (ONU)[111] aponta que "os Governos devem reconhecer e respeitar a confidencialidade de todas as comunicações e consultas feitas entre os advogados e os seus clientes no âmbito das suas relações profissionais" (art. 22).

Aqui não podemos descurar das inúmeras dificuldades operacionais enfrentadas, sobretudo, pelas defensorias públicas, à vista, por exemplo, das condições precárias em que realizados os contatos com o indivíduo assistido, notadamente quando preso. Entre outras, narram-se situações em que o primeiro contato do réu com o seu defensor se dá somente no dia da audiência de instrução, minutos antes do início da solenidade, em lógica afetação ao direito ao tempo e aos meios adequados à preparação da defesa (abaixo, 4.2.6).

4.2.4. *Direito à ciência prévia e pormenorizada da acusação*

O CPP estabelece, como limitação objetiva ao poder de acusar, o dever de descrição do fato com todas as suas circunstâncias (art. 41 do CPP), obrigação estatal que

---

[110] Adotados pela Assembleia Geral das Nações Unidas, em sua Resolução nº 43/173, de 9/12/1988.

[111] ONU – Havana, Cuba, 27 de agosto a 7 de setembro de 1990. Disponível em: <http://www.gddc.pt/direitos-humanos/textos-internacionais-dh/tidhuniversais/dhaj-pcjp-23.html>. Acesso em 01/02/2014.

corresponde a um direito do indivíduo à acusação clara e precisa, de modo a que possa, assim, articular sua defesa.

É com esse objetivo que a Convenção Americana sobre Direitos Humanos garante, de modo expresso, que toda pessoa acusada de um delito tem direito à comunicação *prévia* e *pormenorizada* da acusação formulada (art. 8, 2, "b").

No mesmo tom, o Pacto Internacional sobre Direitos Civis e Políticos estabelece, em seu art. 14.3, "a", que toda pessoa acusada de um delito terá o direito de ser informado, *de forma minuciosa*, da natureza e dos motivos da acusação.

Decerto, a efeitos de se propiciar uma defesa efetiva, não basta que o acusado tenha acesso à acusação; o acusado tem o direito de *conhecê-la detalhadamente*, o que pressupõe que a acusação seja clara e precisa de modo a tornar refutável a hipótese acusatória. Uma imputação, por exemplo, que se restrinja a descrever os elementos do tipo penal, sem apontar a necessária base empírica que a sustente, não atende aos pressupostos de precisão e refutabilidade.

Imagine-se uma acusação pelo delito de quadrilha, no corpo de uma denúncia por delito fiscal no âmbito de uma empresa. Necessariamente, a acusação deve descrever – e provar – uma vinculação entre os agentes distinta daquela para a qual estão societariamente unidos. Se assim não for, a acusação será irrefutável, na medida em que estaria colocando em perspectiva criminal uma associação absolutamente lícita, retratada no contrato social da empresa.

Nessa linha, a acusação deve ser, em primeiro lugar, certa (expressa) – não sendo o bastante que seja implícita; de igual modo, dever ser precisa, clara e completa, de modo a que seu conhecimento possa ser qualificado como real e efetivo.[112] A omissão do órgão acusador em detalhar

---

[112] ASENCIO MELLADO, José María, El principio acusatorio y el derecho de defensa, *Apud* CAROCCA PÉREZ, Alex, *Garantía Constitucional*..., p. 261.

a acusação é circunstância geradora de inépcia da denúncia, conducente à sua rejeição (art. 395, I, do CPP). Trata-se de uma salvaguarda do sistema que atende, em última análise, o direito de defesa. O STF tem manifestações oscilantes e nem sempre claras a esse respeito. Historicamente, sua jurisprudência conduziu-se no sentido da obrigação estatal de descrever claramente a acusação ao direito de defesa do acusado.[113]

---

[113] "O processo penal de tipo acusatório repele, por ofensivas, à garantia da plenitude de defesa, quaisquer imputações que se mostrem indeterminadas, vagas, contraditórias, omissas ou ambíguas. Existe, na perspectiva dos princípios constitucionais que regem o processo penal, um nexo de indiscutível vinculação entre a obrigação estatal de oferecer acusação formalmente precisa e juridicamente apta e o direito individual de que dispõe o acusado a ampla defesa. A imputação penal omissa ou deficiente, além de constituir transgressão do dever jurídico que se impõe ao Estado, qualifica-se como causa de nulidade processual absoluta. A denúncia – enquanto instrumento formalmente consubstanciador da acusação penal – constitui peça processual de indiscutível relevo jurídico. Ela, ao delimitar o âmbito temático da imputação penal, define a própria *res in judicio deducta*. A peça acusatória deve conter a exposição do fato delituoso, em toda a sua essência e com todas as suas circunstâncias. Essa narração, ainda que sucinta, impõe-se ao acusador como exigência derivada do postulado constitucional que assegura ao réu o exercício, em plenitude, do direito de defesa. Denúncia que não descreve adequadamente o fato criminoso é denúncia inepta." (STF – HC 70.763, Rel. Min, Celso de Mello, j. 28/06/1994). "É preciso proclamar que a imputação penal não pode ser o resultado da vontade pessoal e arbitrária do acusador (RTJ 168/896-897, Rel. Min. Celso de Mello). Este, para que possa validamente formular a denúncia penal, deve ter por suporte uma necessária base empírica, a fim de que a acusação não se transforme, como advertia o saudoso Min. Orosimbo Nonato, em pura criação mental do acusador (RF 150/393). Uma das principais obrigações jurídicas do Ministério Público, no processo penal de condenação, consiste no dever de apresentar denúncia que veicule, de modo claro e objetivo, com todos os elementos estruturais, essenciais e circunstanciais que lhe são inerentes, a descrição do fato delituoso, em ordem a viabilizar o exercício legítimo da ação penal e a ensejar, a partir da estrita observância dos pressupostos estipulados no art. 41 do CPP, a possibilidade de efetiva atuação, em favor daquele que é acusado, da cláusula constitucional da plenitude de defesa." (STF – HC 84.409, Rel. Min, Joaquim Barbosa, j. 14/12/2004). Também com referência à dignidade humana: "A técnica da denúncia (art. 41 do Código de Processo Penal) tem merecido reflexão no plano da dogmática constitucional, associada especialmente ao direito de defesa. Denúncias genéricas, que não descrevem os fatos na sua devida conformação, não se coadunam com os postulados básicos do Estado de Direito. Violação também do princípio da dignidade da pessoa humana" (STF – HC 84.768, Rel. Min. Ellen Gracie, j. 08/03/2005).

A jurisprudência humanitária é enfática em garantir que o acusado tem o direito de saber concretamente os fatos que pesam contra si, sem que necessite deduzi-los (das entrelinhas) da acusação pública. E, também, o investigado deve ser informado se, ao tempo de sua manifestação, ocupa essa condição real ou potencialmente.

Em *Barreto Leiva v. Venezuela*, a Corte Interamericana condenou a Venezuela pela violação do direito de comunicação prévia e detalhada da acusação, previsto na Convenção Americana sobre Direitos Humanos (art. 8.2, b). O reclamante foi ouvido em três oportunidades durante o inquérito antes de ser decretada sua prisão, sem que tenha sido devidamente informado em que condição estava depondo: de possível autor ou testemunha. Em consequência disso, Barreto Leiva não foi informado previamente das suspeitas existentes contra ele. Nos termos da decisão:

> 28. (...) o Estado deve informar ao interessado não somente da causa da acusação, isto é, das ações e omissões que lhe imputam, mas também as razões que levaram o Estado a fazer a imputação, os fundamentos probatórios desta e a qualificação jurídica dada a estes fatos. Toda esta informação deve ser explícita, clara, abrangente e suficientemente detalhada para permitir que o réu exerça plenamente o seu direito de defesa e mostre ao juiz a sua versão dos fatos.[114]

Em *López Álvarez v. Honduras*, decidiu a Corte Interamericana de Direitos Humanos que o direito em questão apenas satisfaz os fins a que instituído se a notificação ao acusado ocorrer antes que o indivíduo renda sua primeira declaração, garantia essa considerada essencial ao exercício efetivo do direito de defesa.[115]

No mesmo sentido é a orientação do congênere europeu. Em *Pélissier e Sassi v. França*, a Corte Europeia decidiu

---
[114] CIDH – Barreto Leiva v. Venezuela, j. 17/11/2009.
[115] CIDH – López Álvarez v. Honduras. j. 01/02/2006.

que o direito à preparação da defesa do investigado impõe ao Estado o dever de fornecer informações tanto dos fatos – os atos delitivos supostamente cometidos – quanto da qualificação jurídica cabível a esses fatos. E essas informações devem providas em detalhes.[116] A vaguidade da acusação é explicitamente censurada na jurisprudência do Tribunal.[117]

Outra questão relevante diz com o exame de viabilidade condenatória da denúncia, o que se afigura como pressuposto material da acusação. Embora no momento inaugural da ação penal não sejam exigíveis provas contundentes da responsabilidade penal do acusado, devemos nos indagar sobre a conveniência de instaurar-se uma ação penal quando as provas já obtidas, aliadas àquelas por produzir em juízo, não tenham, a partir de uma análise pautada na experiência, aptidão bastante para o pronunciamento de um juízo condenatório (viabilidade condenatória), tudo indicando que o resultado será a improcedência da demanda. De fato, se o processo não ostenta um fim em si mesmo, não havendo de servir, portanto, à instrumentalização do acusado, parece razoável admitir que o prognóstico de êxito do pedido deve figurar como sua condição.[118] Por essa razão, a acusação também

---

[116] TEDH – Pélissier and Sassi *v.* France, j. 25/03/1999.

[117] (...) in the present case the defence was confronted with exceptional difficulties. Given that the information contained in the accusation was characterised by vagueness as to essential details concerning time and place, was repeatedly contradicted and amended in the course of the trial, and in view of the lengthy period that had elapsed between the committal for trial and the trial itself (more than three-and-a-half years) compared to the speed with which the trial was conducted (less than one month), fairness required that the applicant should have been af- forded greater opportunity and facilities to defend himself in a practical and effective manner, for example by calling witnesses to establish an alibi. 72. Against this background, the Court finds that the applicant's right to be informed in detail of the nature and cause of the accusation against him and his right to have adequate time and facilities for the preparation of his defence were infringed. TEDH – Mattoccia *v.* Itália, j. 25/07/2000.

[118] FELDENS, Luciano, Ministério Público, Processo Penal e Democracia: Identidade e Desafios, *In*: MALAN, Diogo Rudge; PRADO, Geraldo (Orgs.). *Estudos em Homenagem aos 20 Anos da Constituição da República de 1988*. Rio de Janeiro: Lumen Juris, 2009.

deveria se fazer explícita – clara e precisa – em relação aos meios (provas) pelos quais pretende ver confirmada a imputação.

4.2.5. Direito a um processo sem dilações indevidas

O art. 5º da Constituição contempla o direito à razoável duração do processo (inciso introduzido pela Emenda Constitucional 45/2004):

> Art. 5º (...) LXXVIII – a todos, no âmbito judicial e administrativo, são assegurados a razoável duração do processo e os meios que garantam a celeridade de sua tramitação.

Mais precisamente sob a perspectiva do acusado, o Pacto Internacional sobre Direitos Civis e Políticos já previa o direito a um processo sem dilações indevidas:

> Art. 14. 3. Toda pessoa acusada de um delito terá direito, em plena igualmente, a, pelo menos, as seguintes garantias:
>
> c) De ser julgado sem dilações indevidas;

Trata-se, aqui, de um direito autônomo, emanação da dignidade humana, que se exterioriza como um limitador do abuso temporal decorrente da inércia do Estado, seja da Polícia, seja do Ministério Público, em encerrar uma investigação criminal ou propor alguma medida em face de uma investigação já concluída. Isso também se aplicaria ao contexto da ação penal, na medida em que se verifique uma paralisia injustificada da instrução, retardando uma decisão definitiva sobre a situação jurídica do acusado.

Esse panorama de retardamento sem causa justa na condução ou na apreciação de investigações ou na apreciação do resultado que nelas se contém parece ter-se agravado com a reforma operada pela Lei 12.234/10, que excluiu a possibilidade de prescrição retroativa, pela pena em concreto, no marco temporal entre o fato e a data do recebimento da denúncia, o que parece ter trazido maior conforto às autoridades encarregadas da investigação. Porém, descumprimento de prazos que algum momento foram vistos como "mera irregularidade" já não mais o são. Como tem assentado o STF, "não se pode ficar indefinidamente à espera da resposta estatal", porquanto, "em se tratando de processo penal, em que estão em jogo os bens mais preciosos do indivíduo – a liberdade e a dignidade –, torna-se ainda mais urgente alcançar solução definitiva do conflito". Assim, "o importante é o acesso à tutela jurisdicional efetiva, num *tempo razoável*, de modo a permitir o reconhecimento e a proteção da dignidade da pessoa humana e dos direitos fundamentais do homem" (STF – HC 134900, voto-condutor do Rel. Min. Gilmar Mendes, DJ 28/06/2017).

Ao subscrever e promulgar o Pacto Internacional sobre Direitos Civis e Políticos, o Brasil comprometeu-se internacionalmente a adotar disposições de direito interno tendentes a tornar efetivo o direito, inclusive na ausência de disposições legislativas específicas (art. 2.2). Em sincronia com essa obrigação de concretização dos direitos, os tribunais superiores, ao identificarem situações similares de injustificado excesso temporal nas investigações, têm efetivado o trancamento do respectivo inquérito, em razão do constrangimento ilegal decorrente do excesso do prazo.

Diferentemente do que sucede em relação à superveniência dos prazos prescricionais, de constatação matemática, a vulneração ao direito a um processo sem dilações indevidas não se sujeita a um prazo abstratamente definido. A afetação ao direito se verifica na medida em que constatada, no caso concreto, a injustificada demora na atividade persecutória estatal, o que se verifica a partir do contraste entre o tempo legalmente previsto para o exercício do ato processual pelo Estado (por exemplo, 15 dias para oferecimento da denúncia) e a exagerada superação desses prazos.

A consequência decorrente da demora injustificada do Estado tem sido o arquivamento da investigação, em ordem a fazer cessar os gravames suportados pelo indivíduo em razão da inação estatal, geradora de constrangimento ilegal.

Exemplificativamente, o STJ concedeu ordem de ofício para trancar inquérito policial, com o seu consequente arquivamento, assim como das medidas cautelares vinculadas, em razão flagrante ilegalidade decorrente da demora injustificada para o encerramento das investigações. O voto condutor é preciso:

> (...) não se admite que alguém seja objeto de investigação eterna, notadamente porque essa é uma situação que conduz a um evidente constrangimento, seja ele moral, ou até mesmo financeiro e econômico, sobretudo em face da decretação de medidas cautelares altamente invasivas, tais como a quebra de sigilo telefônico, bancário e fiscal (STJ – AgRg no RMS 49.749, Rel. p/ Acórdão Min. Nefi Cordeiro, Sexta Turma, j. 08/11/2018).

O contraste entre o poder estatal e o direito individual foi bem retratado na seguinte decisão:

> (...) De um lado, o direito de punir do Estado, que vem sendo exercido pela persecução criminal que não se finda. E, do outro, da recorrente em se ver investigada em prazo razoável, pois não se deve desconsiderar as consequências de se figurar no pólo passivo de uma investigação criminal e os efeitos da estigmatização do processo. Neste caso, diante de todos os argumentos citados, não vejo outra saída a não ser reconhecer a prevalência do direito da paciente em ser investigada em prazo razoável (STJ – RHC 61.451/MG, Rel. Min. Sebastião Reis Júnior, Sexta Turma, j. 14/02/2017).

Assim também tem reconhecido o STF:

> (...) No caso dos autos, a investigação se iniciou há mais de um ano. O investigado se mostrou, a todo tempo, extremamente colaborativo. Vencido o prazo para a conclusão do inquérito e suas sucessivas prorrogações, o Ministério

Público entende não haver nos autos elementos suficientes à instauração da instância, na medida em que, até o momento, não ofereceu denúncia. (...) No caso sob exame, encerrado o derradeiro prazo para a conclusão das investigações, o Ministério Público, ciente de que deveria apresentar manifestação conclusiva, limitou-se a requerer a remessa dos autos ao Juízo que considera competente. Isso significa dizer, como se disse, que entende não haver nos autos elementos suficientes oferecimento da denúncia, sendo o caso, portanto, de arquivamento do inquérito.

Não é portanto razoável que, tendo se encerrado o prazo para a conclusão das investigações, sejam agora os autos baixados para a nova apreciação dos fatos, o que obrigaria o investigado suportar, indefinidamente, o ônus de figurar como objeto de investigação, impondo-se, assim, o arquivamento dos autos. (...) Este o quadro, e pelas razões expostas, determino o arquivamento dos autos desta investigação, sem prejuízo de que, em surgindo novas provas, possa o mesmo ser reaberto no Juízo competente (STF – Inq 4442, Rel. Min. Roberto Barrroso, j. 06/06/2018).

No mesmo sentido, o STF diagnosticou o excesso de prazo em razão do transcurso da investigação, ainda inconclusiva, por mais de 15 meses (STF, Inq 4391, Rel. Min. Dias Toffoli, j. em 29/06/2018). Assim também, determinando o arquivamento do inquérito policial, considerando as sucessivas prorrogações de prazo por aproximadamente 8 meses, sem qualquer nova diligência (STF, Inq 4429, Rel. Min. Alexandre de Moraes, j. 08/06/2018).

Esse também é o entendimento do STJ, que assentou estar caracterizada a ineficiência estatal, a impor o *trancamento* de inquérito policial por excesso de prazo, situação em que os "autos foram encaminhados ao Ministério Público Federal há cerca de um ano e, desde então, (...) aguardam inertes análise para oferecimento da denúncia" (STJ – HC 480.079, Rel. Min. Sebastião Reis Júnior, Sexta Turma, j. 11/04/2019).

A intervenção do Poder Judiciário na proteção judicial ao direito individual, em ordem a sua efetivação, independe de postulação de quaisquer das partes, menos ainda do órgão de acusação, sobretudo quando se lhe atribui a inércia. Assim, o art. 28 do CPP:

(...) não obriga o Juiz a só proceder ao arquivamento quando este for expressamente requerido pelo Ministério Público, seja porque cabe ao juiz o controle de legalidade do procedimento de investigação; seja porque o Judiciário, no exercício de suas funções típicas, não se submete à autoridade de quem esteja sob sua jurisdição. (STF – Inq 4442, Rel. Min. Roberto Barroso, j. em 06/06/2018).

Logicamente, a necessidade de se dar curso às diligências investigatórias – inclusive, eventualmente, as que solicitadas pela defesa – não litiga com o direito em questão, que não proclama qualquer espécie de *justiça acelerada*. A aceleração da proteção jurídica que se traduza em diminuição de garantias processuais e materiais pode conduzir a uma justiça *mais imediata*, mas materialmente injusta.[119] O controle judicial aqui se estabelece sobre um processo – ou investigação – que, em razão de seu injustificado prolongamento, estabeleça dilações *indevidas*.

4.2.6. Direito ao tempo adequado e necessário à preparação da defesa

Igualmente a envolver a relação tempo e processo, o ordenamento jurídico assegura ao indivíduo o tempo adequado e necessário à preparação de sua defesa.

É sabido que a lei fixa prazo para determinadas manifestações da defesa no curso do processo (*v.g.*, resposta à acusação, alegações finais). Circunstancialmente, porém, os prazos legalmente estabelecidos poderão se mostrar insuficientes para toda a atividade argumentativo-probatória exigida do defensor.

---
[119] CANOTILHO, J.J. Gomes. *Direito...*, p. 499.

Imaginemos, por exemplo, uma situação bastante comum: que a contratação do advogado se dê a partir da citação do acusado, já na fluência, portanto, do prazo de dez dias para a resposta à acusação (art. 396 do CPP), em circunstâncias claramente incompatíveis com a apresentação de uma defesa técnica substancial. Deverá o juiz, mediante requerimento, considerar a prorrogação do prazo.

Outra situação nada incomum é a nomeação de advogado *ad hoc* momentos antes da audiência judicial, o qual terá seu primeiro contato com o acusado e o processo apenas nessa ocasião, em condições inequivocamente precárias. O defensor poderá postular o adiamento da solenidade processual.

O fundamento para os requerimentos acima cogitados, e para a correlata decisão judicial, vem expresso:

(i) na *Convenção Americana sobre Direitos Humanos*, ao definir que toda pessoa tem direito à concessão "do tempo e dos meios adequados para a preparação de sua defesa" (art. 8.2, c);

(ii) no *Pacto Internacional sobre Direitos Civis e Políticos*, ao estipular que toda pessoa terá direito de "dispor do tempo e dos meios necessários à preparação de sua defesa" (art. 14.3, "b").

A questão de fundo resguardada pelo direito é o próprio objetivo de garantir condições mínimas de efetividade da defesa, assim compreendida uma defesa material, e não meramente formal.

Antes de propor uma ação penal, o Estado dispõe do tempo e dos meios que estima necessários à investigação do fato, valendo-se de um aparato institucional e de cooperação interinstitucional que não é pequeno. Sob a lógica de um processo equitativo, esse poder precisa ser calibrado à vista das concretas situações que demandam a reação defensiva, uma vez que o direito fundamental só se poderá concretizar, em termos aceitáveis, mediante a concessão, também ao acusado, do tempo adequado e necessário à preparação de sua defesa.

A jurisprudência do STF contempla diversas manifestações prestigiosas a esse direito:

Efetiva violação do princípio da ampla defesa resultante da impossibilidade de atuação da defesa técnica. O advogado do paciente teve, a partir da ciência da expedição da carta precatória, sete dias úteis para deslocar-se do Rio de Janeiro a Belém do Pará, o que, na prática, inviabilizou seu comparecimento. (...) Satisfação apenas formal da exigência de defesa técnica ante a impossibilidade de atuação eficiente. Ordem concedida (STF – HC 91.501, Rel. Min. Eros Grau, DJ 08/05/2009).

Interrogatório. Realização um dia após a citação do réu. Impossibilidade de contratar defensor e de manter contato com defensora nomeada para defesa prévia. Arguição oportuna de deficiência. Prejuízo manifesto. Nulidade processual caracterizada. Ofensa ao devido processo legal. HC concedido. (STF – HC 84.373-5, Rel. Min. Cezar Peluso, DJ 26/06/2009).

Em síntese, o diminuto espaço de tempo revelou a falta de domínio desejável do processo pelo defensor dativo, motivo pelo qual deixou de implementar, como deveria fazer, a defesa do acusado... Não se trata aqui de medir o tempo da defesa, mas de constatar-se, em face dos parâmetros em que realizada, a eficácia minimamente aceitável. (STF – HC 85.969, Rel. Min. Marco Aurélio, DJ 31/01/2008).

Conforme expresso nas previsões normativas acima indicadas, o direito em questão contempla a asseguração dos meios necessários à preparação da defesa, disposição essa, de resto, já garantida diretamente pela Constituição (art. 5º, LV, da CF), cuja concretização se verifica por meio das posições jurídicas diversas abordadas neste Capítulo.

4.2.7. Direito de presença e direito de ausência

A condição de sujeito de direitos – jamais de "objeto" de investigações – traz ao investigado ou acusado dois efeitos imediatos: (i) investe-lhe do direito de exercer sua defesa, por meio de seu advogado ou pessoalmente (autodefesa, nas hipóteses previstas em lei), comparecendo aos atos processuais (direito de presença); (ii) destitui-lhe de qualquer compromisso tendente a submetê-lo à produção probatória por parte do Estado, que deve garantir sua ciência acerca dos atos processuais, sem poder exigir-lhe, porém, sua participação (direito de ausência).

Ou seja, em primeira ordem, o acusado tem o direito, no curso da ação penal, de participar – formal e materialmente – da totalidade dos atos jurídico-processuais de produção de prova, presenciando as audiências de instrução (oitiva de testemunhas arroladas pela acusação e pela defesa e interrogatórios, inclusive de corréus) e repercutindo com seu defensor, instantaneamente ao momento de sua produção, sobre o conteúdo da prova.[120]

O Pacto Internacional sobre Direitos Civis e Políticos garante expressamente:

> 3. Toda pessoa acusada de um delito terá direito, em plena igualmente, a, pelo menos, as seguintes garantias:
>
> (...)
>
> d) De estar presente no julgamento e de defender-se pessoalmente ou por intermédio de defensor de sua escolha.

---

[120] INTERROGATÓRIOS. ORGANIZAÇÃO DO CALENDÁRIO DE MODO QUE AS DATAS DAS AUDIÊNCIAS REALIZADAS EM DIFERENTES ESTADOS DA FEDERAÇÃO NÃO COINCIDAM. PARTICIPAÇÃO DOS CO-RÉUS. (...) É legítimo, em face do que dispõe o artigo 188 do CPP, que as defesas dos corréus participem dos interrogatórios de outros réus. Deve ser franqueada à defesa de cada réu a oportunidade de participação no interrogatório dos demais co-réus, evitando-se a coincidência de datas, mas a cada um cabe decidir sobre a conveniência de comparecer ou não á audiência (...) (STF – AgR na Ação Penal 470, Rel. Min. Joaquim Barbosa, DJ 13/03/2008).

Dito isso, importa reiterar: aqui falamos de um *direito de presença*. Salvo algum específico comprometimento processual, não se trata de um dever. Em algum capítulo de sua jurisprudência, o STF ficou o *direito de ausência* como expressão do *nemo tenetur se detegere*.[121] Reiterando sua jurisprudência, em recente decisão o STF explicitou a *facultatividade* do *comparecimento* do investigado à audiência em CPI.[122]

Na expressão do Ministro Marco Aurélio, a opção de não comparecer pessoalmente à instrução apresenta-se como:

(...) consectário lógico do próprio exercício da autodefesa, conjugado à garantia à não autoincriminação, descrita nos artigos 8º, item 2, alínea "g", do Pacto de São José da Costa Rica e 14, item 3, alínea "g", do Pacto Internacional sobre Direitos Civis e Políticos, que tem no silêncio, contemplado no artigo 5º, LXIII, do Diploma Maior, uma das mais importantes manifestações (STF – RE 635.145, j. 01/08/2016).

A presença aos atos processuais é, pois, prerrogativa do acusado, que dela poderá dispor. Sendo esta a decisão do indivíduo – investigado ou acusado –, não cabe ao

---

[121] "Comissão Parlamentar de Inquérito. Convocação. Dever de comparecimento. Pessoa formalmente convocada para depor como testemunha, embora sujeita a persecução penal. Direito ao não comparecimento resultante da prerrogativa contra a autoincriminação. Ilegitimidade da condução coercitiva para efeito de inquirição. (...)" (STF – HC 172.236, Rel. Min. Celso de Mello, j. 11/06/2019).

[122] "A Turma, em razão do empate verificado na votação, deferiu integralmente o pedido de *habeas corpus* (RISTF, art. 146, parágrafo único), para convolar a compulsoriedade de comparecimento em facultatividade e deixar a cargo do paciente a decisão de comparecer, ou não, à Câmara dos Deputados, perante a CPI-BRUMADINHO, para ser ouvido na condição de investigado. Caso queira comparecer ao ato, assegurou ao paciente: a) o direito ao silêncio, ou seja, de não responder, querendo, a perguntas a ele direcionadas; b) o direito à assistência por advogado durante o ato; c) o direito de não ser submetido ao compromisso de dizer a verdade ou de subscrever termos com esse conteúdo; e d) o direito de não sofrer constrangimentos físicos ou morais decorrentes do exercício dos direitos anteriores, servindo esta decisão como salvo-conduto, tudo nos termos do voto do Relator, no que foi acompanhado pelo Ministro Celso de Mello (...)" (STF – HC 171.438, Rel. Min. Gilmar Mendes, 2ª Turma, j. 28/05/2019).

Estado, por absoluta falta de razão jurídica, lógica ou prática, impor sua presença no curso da investigação ou da instrução processual. Ora, se a exigência de presença não atende um dever jurídico, não ostenta um sentido lógico e tampouco cumpre uma função prática, inexiste fundamento idôneo tendente a obrigar o investigado ou acusado a comparecer ao ato.

Em outras palavras, forçá-lo inutilmente a comparecer a determinado ato, contra sua vontade, é nada mais que instrumentalizá-lo, transformando-o em meio para a consecução de fins ilegais ou não exigidos em lei.[123]

A abrangência do direito está claramente sintetizada em voto do Ministro do Rogério Schietti, do STJ, ao alertar que "(...) tanto o direito de audiência quanto o direito de presença podem ser exercitados de forma passiva, negativa, sem que isso represente ausência de defesa (...)". E prossegue:

> De igual modo, constitui exercício de tal direito a deliberada e voluntária atitude do acusado de não se fazer presente nos atos do processo criminal, ou mesmo em todo ele. Logo, se de um lado o Estado deve facilitar a presença do acusado durante o julgamento da causa, há de respeitar, a seu turno, eventual escolha de ele não comparecer a seus atos. Não se trata, pois, de direito indisponível e irrenunciável do réu, tal qual a defesa técnica – conforme positivado no art. 261 do CPP, cuja regra ganhou envergadura constitucional com os arts. 133 e 134 da CF –, mas o seu cerceamento enseja grave prejuízo ao acusado, por suprimir dele a possibilidade de participação ativa na melhor reconstrução histórica dos fatos sob julgamento (STJ – REsp 1.580.435/GO, Rel. Min. Rogério Schietti Cruz, j. 17/03/2016).

Houve alguma controvérsia sobre a possibilidade de o juiz determinar a condução do acusado na hipótese de não atendimento à intimação. Isso em razão do

---

[123] O Estado – que não tem o direito de tratar suspeitos, indiciados ou réus como se culpados fossem (RTJ 176/805-806) – também não pode constrangê-los a produzir provas contra si próprios (RTJ 141/512) (STF – HC 96.219-MC, Rel. Min. Celso de Mello, j. 09/10/2008).

art. 260 do CPP, cuja redação estipula que "se o acusado não atender à intimação para o interrogatório, reconhecimento ou qualquer outro ato que, sem ele, não possa ser realizado, a autoridade poderá mandar conduzi-lo à sua presença". Entretanto, em importantíssima decisão (julgamento conjunto das ADPFs 395 e 444), o STF decidiu ser ilegítima a condução coercitiva do investigado para prestar depoimento em investigações criminais, estando impedido o Estado de impor-lhe compulsoriamente que "exerça um direito" (o de ser interrogado):

(...) O essencial para essa conclusão é que a legislação prevê o *direito de ausência ao interrogatório*, especialmente em fase de investigação. *O direito de ausência, por sua vez, afasta a possibilidade de condução coercitiva.* Para que a condução coercitiva seja legítima, ela deve destinar-se à prática de um ato ao qual a pessoa tem o dever de comparecer, ou ao menos que possa ser legitimamente obrigada a comparecer. (...) *No curso do inquérito, não há regra que determine a submissão ao interrogatório.* Pelo contrário, como já afirmado, consagra-se ao investigado o direito ao silêncio (...). (STF – ADPF 395 e 444, Rel. Min. Gilmar Mendes, Plenário, j. 14/06/2018).

Na ocasião, o Ministro Gilmar Mendes foi enfático, apontando que a condução coercitiva apenas se legitimaria "à prática de um ato ao qual a pessoa tem o dever de comparecer, ou ao menos que possa ser legitimamente obrigada a comparecer. (...) A diferença dessas hipóteses em relação à condução para o interrogatório é que a lei não consagra um dever de fazer-se presente a este último. Pelo contrário, do sistema normativo, o que se deduz é que há um *direito subjetivo a não comparecer* ao interrogatório, policial ou judicial". Na mesma linha, o voto da Min. Rosa Weber, ao assentar que ao imputado se apresenta o *"direito de não comparecer* ao ato investigativo ou processual designado para ouvi-lo sobre os termos da acusação, vale dizer, se não está obrigado a depor, não pode ser obrigado a comparecer para fazê-lo". A seu turno, o

Min. Celso de Mello, sublinhando a ilegitimidade da condução coercitiva, destacou que "a pessoa exposta à persecução estatal tem o *direito de não comparecer* ao ato de sua própria inquirição". Finalmente, concluiu o Min. Ricardo Lewandowski que "se o réu for devidamente intimado para o seu interrogatório e não comparecer no dia e local indicados na intimação, outra consequência não poderá ser extraída, senão a de que preferiu simplesmente não comparecer, não havendo nestas hipóteses a necessidade de adiamento de audiências ou a realização de diligências para trazê-lo ao Fórum 'debaixo de vara'".

Decidiu o STF, ao final, julgar procedente a arguição de descumprimento de preceito fundamental, para pronunciar a não recepção da expressão "para o interrogatório", constante do art. 260 do CPP, e declarar a incompatibilidade com a Constituição Federal da condução coercitiva de investigados ou de réus para interrogatório, sob pena de responsabilidade disciplinar, civil e penal do agente ou da autoridade e de ilicitude das provas obtidas, sem prejuízo da responsabilidade civil do Estado (STF – ADPF 444, Rel. Min. Gilmar Mendes, j. 14/06/2018).[124]

Em síntese, no processo penal, o ônus do acusado decorrente de seu não comparecimento – ou da não utilização de determinada oportunidade processual – restringe-se à própria perda da oportunidade em fazê-lo, sem que sua passividade implique prejuízo ao desenvolvimento do processo ou desencadeie, por si só, qualquer sanção processual.

---

[124] O STF ressalvou, entretanto, a seguinte hipótese: "nas hipóteses estreitas em que a qualificação se afigura imprescindível, o juiz pode, de forma devidamente fundamentada, ordenar a condução coercitiva do investigado ou acusado, como um ato que não possa ser realizado sem sua presença, na forma do art. 260 do CPP. O mesmo pode ser dito para a condução coercitiva para a identificação, quando o imputado não estiver civilmente identificado, ou quando ocorrerem as hipóteses legais (art. 3º da Lei 12.037/09)".

4.2.8. Direito ao contraditório

4.2.8.1. Conceito: contraditório como reação

Art. 5º Todos são iguais perante a lei, sem distinção de qualquer natureza, *garantindo-se* aos brasileiros e aos estrangeiros residentes no País a inviolabilidade do *direito* à vida, *à liberdade*, à igualdade, à segurança e à propriedade, nos termos seguintes:

(...)

LV – aos litigantes, em processo judicial ou administrativo, e aos acusados em geral são *assegurados o contraditório* e ampla defesa, com os meios e recursos a ela inerentes.

Expressão nuclear do direito de defesa, o contraditório se materializa, no processo penal, na *reação*, na *contrariedade* à ação persecutória do Estado, correspondendo, também, ao *modo* de exercício da defesa, que tem, em geral, a prerrogativa de *falar por último*. A defesa deve falar sempre (ampla defesa). E, por princípio, sempre depois da acusação, pois assim – e apenas assim – estará a *contraditá-la*.[125]

4.2.8.2. Sujeitos

Tratando-se de direito individual, o sujeito ativo do contraditório, no ambiente processual penal, é a pessoa sujeita à ação persecutória do Estado. A seu turno, o Estado é destinatário do direito (sujeito passivo) – e não propriamente seu titular. É certo que o dispositivo não é textualmente restritivo, contemplando os "litigantes, em

---

[125] A relação entre direito de defesa e contraditório é vista com alguma variação pela doutrina processual. Aproximamo-nos da lição de Ada Grinover, que percebe no contraditório uma emanação do direito de defesa, que garante e se manifesta *por meio* do contraditório. GRINOVER, Ada Pellegrini., *Novas Tendências do Direito Processual*. Rio de Janeiro: Forense Universitária, 1990, p. 4. Scarance não vislumbra essa relação de derivação, entendendo ambos como manifestações do devido processo legal. FERNANDES, Antônio Scarance. *Processo...*, p. 267. Badaró aponta um paralelismo entre ação e defesa que se dinamizaria no exercício do contraditório. BADARÓ, Gustavo Henrique. *Processo Penal*. São Paulo: RT, 2015, p. 53.

processo judicial". Do ponto de vista do Estado, entretanto, sua condição de litigante melhor se ajusta ao processo civil, onde, além de autor, também ocupa a posição de réu, assumindo posturas ativas e reativas.[126] No processo penal a situação é algo distinta, pela própria natureza da relação. Logicamente, o Ministério Público tem faculdades processuais, dentre as quais a própria bilateralidade da audiência – doutrinariamente associada ao contraditório.[127] Porém, ao exercer parcela do poder do Estado – o poder acusatório é um poder, e não um direito –, suas faculdades devem se considerar concentradas na lei.[128]

4.2.8.3. Objeto

O direito ao contraditório, enquanto direito de manifestação reativa à ação persecutória do Estado, deve ser assegurado em relação (i) aos *fatos* narrados na acusação e suas *circunstâncias*; (ii) aos *fundamentos jurídico-legais* que alicerçam a causa penal; e (iii) à integralidade dos *elementos de prova* que a subsidiam, ainda que não tenham merecido explícita referência na imputação.

Em processo penal, deve-se considerar superado o dogma segundo o qual o acusado se defende apenas dos fatos, e não da definição jurídica a eles atribuída. Apotegmas latinos ao estilo *naha mihi facto, dabo tibi jus* e

---

[126] O art. 7º do CPC assegura às partes paridade de tratamento em relação ao exercício de direitos e faculdades processuais, aos meios de defesa, aos ônus, aos deveres e à aplicação de sanções processuais, competindo ao juiz zelar pelo efetivo contraditório. Essa perspectiva é válida para ações como o mandado de segurança, ainda que tenha como objeto matéria criminal.

[127] A doutrina sustenta que os elementos essenciais do contraditório são a *informação* e a *reação*, remetendo à clássica lição de Joaquim Canuto Mendes de Almeida: "a *ciência bilateral* dos atos e termos processuais e a *possibilidade de contrariá-los*". Nesse sentido: BADARÓ, Gustavo Henrique, *Processo...*, p. 50.

[128] Por exemplo, no procedimento do júri: "Art. 409. Apresentada a defesa, o juiz ouvirá o Ministério Público ou o querelante sobre preliminares e documentos, em 5 (cinco) dias". Inexiste previsão legal similar para o procedimento comum. Assim, a questão que transcenderia o debate acadêmico e assumiria alguma perspectiva prática estaria na definição sobre se o Estado (personificado pelo Ministério Público no processo penal) ostenta, em nome de uma tal ou qual garantia, faculdades processuais *atípicas*, ou seja, não previstas em lei.

iuria novit curia não têm mais vez. O acusado defende-se do fato, sim, mas sempre focando nas características do específico tipo penal que lhe é imputado, considerado em toda sua expressão dogmática (crime de dano ou de perigo, crime formal ou material, instantâneo ou permanente, de conteúdo simples ou variado, de forma simples ou vinculada, contra a administração pública ou contra o patrimônio público etc.). De sorte que eventual alteração do fundamento legal que suporta a descrição dos fatos (tipicidade penal) poderá, efetivamente, trazer surpresa ao contexto de defesa empregado. E, afora as hipóteses legais de medida cautelares decretadas *inaudita altera pars*, a surpresa não é um caminho válido para o Estado em processo penal.

Assim, o contraditório se exerce sobre os fatos que embasaram a investigação e a acusação (em todas suas circunstâncias), bem como sobre seus fundamentos jurídico-legais. De modo que o art. 383 do CPP (*emendatio libeli*) deve ser manejado dentro dessa perspectiva de não surpresa, aplicando-se à hipótese o art. 10 do CPC, atraído ao processo penal por força do art. 3º do CPP.[129]

No âmbito da prova, o contraditório é caminho necessário à confirmação da hipótese acusatória. Para que validamente se habilite a servir como subsídio condenatório, a prova haverá de submeter-se ao contraditório *em juízo*. A respeito, prescreve o CPP:

> Art. 155. O juiz formará sua convicção pela livre apreciação da prova produzida em *contraditório judicial*, não podendo fundamentar sua decisão exclusivamente nos elementos informativos colhidos na investigação, ressalvadas as provas cautelares, não repetíveis e antecipadas.

---

[129] CPC – Art. 10. O juiz não pode decidir, em grau algum de jurisdição, com base em fundamento a respeito do qual não se tenha dado às partes oportunidade de se manifestar, ainda que se trate de matéria sobre a qual deva decidir de ofício.

4.2.8.4. Contraditório na Dinâmica Processual

A contrariedade à acusação se concretiza no plano da dinâmica processual, por meio das diversas manifestações processuais da defesa, típicas (previstas expressamente em lei) ou mesmo atípicas (sem previsão legal específica, mas adequadas ao propósito da defesa). Destacamos as seguintes, aqui analisadas no que respeita ao elemento de *contraditório* que nelas se contém, e aos direitos com ele interagentes:

a) Resposta à acusação

No procedimento comum ordinário, uma vez recebida a denúncia, o juiz ordenará a citação do acusado para apresentar *resposta à acusação* (art. 396-A do CPP), no prazo de dez dias (art. 396 do CPP),[130] contados a partir da data em que for cumprido o mandado de citação.[131]

Nessa oportunidade, poderá o acusado arguir, articuladamente, *tudo o que interesse à sua defesa*, sobressaindo-se:

(i) a dedução de *preliminares* (*v.g.*, inépcia da denúncia, falta de pressuposto processual ou condição para o exercício da ação, ilicitude dos elementos de prova etc.);[132]

---

[130] O legislador não estabeleceu o termo inicial da contagem desse prazo. Dispõe a Súmula 710 do STF: "No processo penal, contam-se os prazos da data da intimação, e não da juntada aos autos do mandado ou carta precatória ou de ordem".

[131] Procedimentos especiais – previstos no CPP ou em leis extravagantes – estabelecem outra hipótese de reação defensiva à denúncia: a defesa prévia ou preliminar (art. 514 do CPP, art. 55 da Lei 11.343/06, art. 4º da Lei 8.038/90, art. 81 da Lei 9.099/95 etc.). Essa manifestação defensiva está situada em momento processual prévio ao recebimento da denúncia. Nessas hipóteses, os tribunais superiores entendem que descabe a conjugação de procedimentos (comum e especial), com a replicação de prazo para apresentação de resposta à acusação, devendo o acusado trazer todos os argumentos e documentos que lhe sejam pertinentes já na defesa prévia (STF – AgRg no Inq. 4.506, Rel. Min. Roberto Barroso, j. 17/04/18; STJ – AgRg na AP 697, Rel. Min. Teori Zavascki, j. 15/10/12).

[132] Nesse sentido, o STJ decidiu que não há impedimento ao juiz de, logo após o oferecimento de resposta à acusação, "reconsiderar a anterior decisão e rejeitar a peça acusatória, ao constatar a presença de uma das hipóteses elencadas nos incisos do art. 395 do Código de Processo Penal, suscitada pela defesa". (STJ. REsp 1.318.180, Rel. Min. Sebastião Reis Junior, j. em 16/05/2013).

(ii) a sustentação de *matéria de defesa* propriamente dita (falta de justa causa para a ação penal, atipicidade penal, causas excludentes da ilicitude, da culpabilidade ou da punibilidade etc.);
(iii) a juntada de *documentos* que servirão de suporte às alegações defensivas;
(iv) a *especificação das provas* pretendidas (indicação de prova pericial, de solicitação de informações a terceiros, órgãos públicos e privados etc.);
(v) a apresentação de rol de *testemunhas*.

Em observância ao *direito de acesso amplo aos autos*, deve-se admitir o sobrestamento – ou a reabertura – desse prazo caso ainda não tenha sido oportunizado à defesa o acesso à integralidade dos elementos que documentam os autos, ou quando pendente a juntada de provas que tenham sido requeridas pela acusação, no curso do inquérito ou mesmo no momento da propositura da denúncia.[133]

Em segundo lugar, é fundamental que nesse momento se garanta o *contato prévio e reservado entre o acusado e o defensor*, seja para fins de definição das linhas defensivas que serão adotadas na resposta à acusação, seja para a definição sobre o modo de exploração da prova, como a determinação do rol de testemunhas.[134]

Como repercutido acima, o acusado tem o *direito ao tempo e aos meios necessários à preparação de sua defesa*. Assim, a despeito do prazo legal estipulado para respon-

---

[133] Nesse sentido decidiu o TJSP: "Para que possa 'alegar tudo o que interesse à sua defesa', deve ser franqueado ao réu o acesso a todo elemento de convicção existente até tal etapa processual, em especial se de algum modo fundamenta a imputação, como no caso. A resposta à acusação é a primeira oportunidade que o acusado tem de se contrapor à exordial recém-apresentada. Imprescindível, pois, que disponha de plenas condições de rebatê-la, garantindo-se, assim, a ampla defesa (...). Concede-se a ordem para que o prazo para apresentação da resposta à acusação comece a fluir somente após a juntada aos autos do CD com a filmagem do ocorrido" (TJSP – HC 2011942-10.2014.8.26.0000, Rel. Desembargador Vico Mañas, j. 14/05/2014).

[134] No ponto, em caso concreto no qual restou impossibilitado o contato da defensora com o assistido, foi oportunizada a indicação das testemunhas em momento processual posterior (STJ – REsp 1.443.533, Rel. Min. Maria Thereza de Assis Moura, j. 23/06/2015).

der à acusação, caso as circunstâncias – devidamente justificadas – indiquem sua insuficiência para o atendimento do ato, o juiz, mediante requerimento, deve considerar a prorrogação do prazo.

Em termos de conteúdo, o advogado deverá dosar a intensidade da resposta à acusação à vista do plano de defesa delineado, que haverá de levar em consideração as perspectivas de uma decisão de rejeição da denúncia ou absolvição sumária. Assim, aquilo que esteja relacionado a uma defesa de conteúdo eminentemente jurídico (ou seja, que envolva matéria *de direito*, insuscetível de alteração pela atividade de exploração probatória), encontra aqui, tendencialmente, seu momento oportuno para arguição. Por outro lado, a dedução *de fatos* que dependam de comprovação no curso da instrução deve ser analisada, do ponto de vista estratégico, com especial cuidado.

Sendo a resposta à acusação uma manifestação essencial da defesa, direcionada ao juiz do processo, deverá redundar em um pronunciamento que efetivamente aprecie as questões formais e materiais articuladas, sobretudo ante a hipótese de decisão que reduza ou mesmo afaste, desde logo, a pretensão punitiva.[135]

Como observou o STJ, não haveria razão de ser na previsão de uma "defesa robusta, ainda que realizada em sede preliminar (...) se não se esperasse do magistrado a apreciação, ainda que sucinta e superficial, das questões

---

[135] Sem embargo, são comuns, recorrentes, decisões que protelam, postergam, sem qualquer fundamento concreto, a análise das teses defensivas, o que se deve à soma do poder burocrático dos cartórios judiciais à baixa controlabilidade judicial do direito de defesa, na perspectiva ora problematizada. Exemplo de "decisão-padrão" que aprecia a resposta à acusação formulada pela defesa (caso concreto): "(...) Após análise das respostas à acusação apresentadas pelos denunciados, constato que os elementos apresentados pelos mesmos não são suficientes para afastar ou descaracterizar, *in limine*, os delitos lhes imputados na denúncia. Ademais, *in casu*, inexistem causas manifestas de excludente da ilicitude do fato e da culpabilidade dos agentes, tampouco causa extintiva da punibilidade, nos termos do artigo 397 do Código de Processo Penal. Assim, mantenho o recebimento da denúncia e designo o dia XX/XX/XXX, às 15h00, para a oitiva das testemunhas de acusação e defesa residentes no Distrito Federal e determino a expedição de carta precatória para a inquirição das demais (...)".

suscitadas pela defesa na resposta à acusação" (STJ – HC 232.842, Rel. Min. Og Fernandes, j. 11/09/2012).

Nesse mesmo sentido, o STJ anulou processo em que a decisão que analisou a resposta à acusação limitou-se a afirmar que as matérias alegadas seriam "defesa de mérito". O Tribunal assentou que incumbe ao magistrado "enfrentar questões processuais relevantes e urgentes ao confirmar o aceite da exordial acusatória (...)", porquanto "a inauguração do processo penal, por representar, repise-se, significativo gravame ao *status dignitatis*, deve, sim, ser motivado" (STJ – RHC 46.127, Rel. Min. Maria Thereza de Assis Moura, j. 12/02/2015).

No prazo da resposta à acusação, devem ser apresentadas eventuais exceções processuais (incompetência, ilegitimidade de parte, litispendência, coisa julgada ou suspeição), salvo quando o vício for constatado supervenientemente. Outrossim, quando retratarem vícios conducentes ao reconhecimento de nulidade absoluta (por exemplo, incompetência absoluta do juízo), essas matérias podem ser trazidas a qualquer tempo, porquanto não sujeitas à preclusão, sendo reconhecíveis, inclusive, de ofício.[136]

Também nessa oportunidade a defesa poderá juntar documentos, o que de resto pode ocorrer em qualquer fase do processo, salvo nos casos expressos em lei (art. 231 do CPP).[137]

---

[136] Súmula 706 do STF: "É relativa a nulidade decorrente da inobservância da competência penal por prevenção", bem como às hipóteses de incompetência em razão do local (*ratione loci*), considerada causa de nulidade relativa, pela jurisprudência dos Tribunais Superiores: "A competência territorial é matéria que gera nulidade relativa, não devendo ser reconhecida de ofício, mas arguida em momento oportuno, por meio de exceção de incompetência do Juízo, ou seja, no prazo de defesa". (STJ – HC 51.101, Rel. Min. Gilson Dipp, j. 02/05/2006).

[137] Respeitadas vedações específicas (*v.g.*, art. 479 do CPP), eventualmente a defesa poderá, de modo justificado, promover a juntada de documentos inclusive na tramitação de recurso. A atividade probatória junto ao tribunal é restrita, mas não proibida. O tribunal tomará em consideração a relevância da documentação juntada e as razões que a justificam (art. 616 do CPP), tudo à luz do art. 5º, XXXV e LV, da Constituição.

b) Audiência

O CPP pressupõe a realização de todos os atos instrutórios em uma única audiência, na qual "proceder-se-á à tomada de declarações do ofendido, à inquirição das testemunhas arroladas pela acusação e pela defesa, nesta ordem, ressalvado o disposto no art. 222 deste Código, bem como aos esclarecimentos dos peritos, às acareações e ao reconhecimento de pessoas e coisas, interrogando-se, em seguida, o acusado" (art. 400 do CPP). Nesse ambiente de produção da prova oral, a parte adversa é chamada a compor a dialética processual. Assim, por exemplo, na oitiva de testemunha arrolada pela acusação, após sua inquirição pelo Ministério Público, a palavra passa à defesa, que promoverá o exame cruzado, e vice-versa (art. 212 do CPP).

É comum, por razões variadas (*v.g.*, testemunha faltante, não encontrada ou residente em outra comarca), que esse ato processual seja fragmentado. Em qualquer hipótese, a oitiva das testemunhas de acusação deve preceder às arroladas pela defesa. Caso haja inversão dessa ordem, a defesa poderá objetar, reconhecendo potencial prejuízo ao acusado. Isso ocorre mesmo em relação à excepcionalidade do art. 222 do CPP, a qual não pode se erigir em espaço de produção probatória não sujeita ao contraditório. Atente-se, a propósito, que o contraditório não se realiza apenas com a inquirição, pela defesa, da testemunha arrolada pela acusação, mas, também, com a possibilidade de que a prova defensiva (testemunhal, no caso) seja inteiramente produzida após o esgotamento da prova acusatória. É precisamente essa a razão de existir uma ordem na oitiva das testemunhas, principiando pelas arroladas pela acusação.

Aqui merece destaque a doutrina de Diogo Malan, na abordagem do *direito ao confronto*,[138] ao sugerir o repúdio a declarações escritas, unilateralmente produzidas,

---

[138] MALAN, Diogo. *Direito ao Confronto no Processo Penal*. Rio de Janeiro: Lumen Juris, 2009.

em substituição ao testemunho oral prestado em audiência pública, na presença do acusado e/ou de seu defensor. O direito de inquirir as testemunhas e de obter seu comparecimento em juízo está garantido pela Convenção Americana sobre Direitos Humanos. Nesse âmbito convencional, é reconhecido, como garantia mínima de toda pessoa acusada, o "direito da defesa de inquirir as testemunhas presentes no tribunal e de obter o comparecimento, como testemunhas ou peritos, de outras pessoas que possam lançar luz sobre os fatos" (art. 8.2 "f" da Convenção Americana sobre Direitos Humanos), bem como o direito de "interrogar ou fazer interrogar as testemunhas de acusação e de obter o comparecimento e o interrogatório das testemunhas de defesa nas mesmas condições de que dispõem as de acusação" (art. 14.3, *d*, do Pacto Internacional sobre Direitos Civis e Políticos).

Após encerrada a oitiva das testemunhas, parte-se para o interrogatório do acusado (abaixo, 4.2.9.1).

c) Requerimentos e diligências

O rito processual estabelece que, ao final da audiência, as partes poderão "requerer diligências cuja necessidade se origine de circunstâncias ou fatos apurados na instrução" (art. 402 do CPP). Novamente, a acusação manifesta-se em primeiro lugar e a defesa, por último.

Como já salientamos acima, a ausência de previsão legal específica não se coloca como obstáculo ao atendimento de outras postulações defensivas, as quais estão regidas por um princípio de *atipicidade processual*. Assim, exemplificativamente, está autorizado o defensor a lançar mão de manifestações e requerimentos reputados adequados à causa da defesa, ainda que não expressamente previstos em lei.

d) Alegações finais (memoriais)

A lei processual penal dispôs que a apresentação das alegações finais se dará, como regra, de forma oral, no prazo de vinte minutos, prorrogáveis por mais dez (art. 403

do CPP). Segundo o CPP, o afastamento da regra da oralidade, com a dedução das alegações finais na forma escrita, poderá ser realizado quando a "complexidade da causa ou o número de acusados" sugerir tal medida (art. 403, § 3º, do CPP), ou quando tiver sido ordenada "diligência imprescindível" na própria audiência (art. 404 do CPP). Sem prejuízo, poderá o defensor postular a conversão das alegações orais em memoriais escritos em vista ao *direito ao tempo e aos meios necessários à preparação da defesa*.

A depender do conteúdo técnico da manifestação defensiva, não se vislumbra outra forma que não a escrita para sua veiculação. É o caso de arrazoado que contenha tese jurídica dotada de certo grau de complexidade. Ou seja, a causa (em sentido fático) pode não ser complexa, mas a discussão jurídica nela travada exigiria uma reflexão maior, seja para exposição, seja para sua assimilação. Nesses casos, o *conteúdo* da manifestação recomendará a adoção da forma escrita, o que se afigura como fundamento idôneo a que o juiz promova a substituição dos debates pela apresentação de memoriais.

Sobretudo nessa fase, a defesa se manifestará por último, já à vista das alegações finais da acusação. Há outros sujeitos processuais que participam ativamente da produção de prova acusatória, ainda que eventualmente ocupem, paralelamente, a condição de acusados. É o caso dos réus *colaboradores,* assim compreendidos os acusados que tenham firmado acordo de colaboração premiada com o Ministério Público, e que, portanto, em troca do prêmio avençado, contribuirão ativamente para a produção da prova. Havendo, em determinada ação penal, réus colaboradores e não colaboradores, os não colaboradores – porque não associados à versão acusatória e a ela resistentes – devem ser ouvidos por último, assim como sua defesa técnica igualmente deve ter a oportunidade de falar sempre depois das manifestações dos acusados colaboradores e de suas defesas. Houve, a respeito, intenso debate jurisprudencial.[139] Ao final, o ponto foi solucionado pela Lei 13.964/19, que incluiu o seguinte dispositivo à Lei 12.850/13:

> Art. 4º (...) § 10-A. Em todas as fases do processo, deve-se garantir ao réu delatado a oportunidade de manifestar-se após o decurso do prazo concedido ao réu que o delatou".

4.2.8.5. *Investigação defensiva voltada a contradizer a acusação*

O exercício do contraditório se verifica não apenas *alegando*, mas, também, *provando* em sentido contrário, ainda que a carga probatória, em matéria penal, resida na esfera obrigacional da acusação. Assim, a despeito de sua atuação consubstanciar-se, no geral, em uma postura reativa, decorrente da posição processual que ocupa, à defesa se deve permitir que atue ativamente.

Conforme destacam Geraldo Prado e Benavente Chorres, a efetividade da defesa poderá depender de um defensor que não esteja sempre na expectativa do que realize o Ministério Público; ao revés, "a defesa deve contar com uma estratégia para planejamento, projeção e direção de suas atuações em busca de um resultado concreto".[140]

O CPP prevê a adoção de medidas destinadas a subsidiar a defesa do acusado. Embora de escassa lembrança, atentemos ao art. 240, a autorizar a realização de busca e

---

[139] STF – HC 166.373, Tribunal Pleno, j. 02/10/2019. A questão está sintetizada na expressão do Min. Celso de Mello: (...). A denegação ao réu delatado da possibilidade de apresentar suas alegações finais, após o prazo concedido ao agente colaborador, equivale à supressão do seu direito de defesa, porque transgride aquilo que lhe é essencial à plenitude de sua prática, e configura, na espécie, hipótese caracterizadora de prejuízo efetivo e real para o acusado em questão. Considerou que a concessão de prazo comum a todos os litisconsortes penais passivos, os quais figurem, simultaneamente, numa mesma relação processual penal, agentes colaboradores e corréus por estes delatados, constitui verdadeiro obstáculo judicial ao exercício do contraditório e da ampla defesa." (Informativo 953/STF).

[140] BENAVENTE CHORRES, Hesbert. *La aplicación de la teoria del caso y la teoria del delito en el processo acusatório*. Barcelona: Bosh, 2011, p. 37.

apreensão para a descoberta de objetos necessários à *defesa do réu*.[141] Todavia, trata-se de medida sujeita a prévio escrutínio judicial, pressupondo uma investigação estatal em andamento.

Paralelamente, entretanto, também à defesa deve ser facultado que promova, por iniciativa própria, a produção probatória *extraprocessual*, buscando a colheita de elementos tendentes a afastar a acusação em seus aspectos nucleares ou circunstanciais. Por aqui adentramos no direito à investigação defensiva.

Investigações particulares são uma realidade, ainda que não externalizadas sob essa nomenclatura. Seja sob o rótulo de auditoria ou algo similar, atividades investigatórias são há muito desenvolvidas, inclusive por empresas dedicadas exclusivamente a essa finalidade. Sobretudo no ambiente corporativo, são comuns apurações destinadas à revelação de fatos (ilícitos ou não) ou à contenção de riscos, em ordem a garantir, por exemplo, a segurança, a proteção da marca (reputação) e a preservação de segredos comerciais. Até mesmo a constatação de falta grave de funcionário celetista (executivo) demanda algum nível de investigação interna. Essas apurações eventualmente alimentam ou mesmo fundamentam demandas cíveis e contendas arbitrais, chegando à esfera criminal direta ou reflexamente. Ultimamente, sobrevalorizaram-se as investigações sob a rubrica da conformidade empresarial (*compliance*). Ou seja, já não é novidade que entes particulares *investigam*.

O universo de situações que demandam essa atividade, sobretudo no ambiente social virtualizado em que vivemos, é realmente amplo e tende a se ampliar, levando Antônio Pitombo a questionar se não podemos conjecturar a hipótese de até mesmo inocentes procurarem a polícia judiciária para serem investigados, quando, contra si,

---

[141] Art. 240. A busca será domiciliar ou pessoal. (...) § 1º Proceder-se-á à busca domiciliar, quando fundadas razões a autorizarem, para: (...) e) descobrir objetos necessários à prova de infração ou à defesa do réu.

se espalharem boatos, notícias falsas e infâmias quanto a supostas práticas de crime.[142] Precisamente acerca da *investigação defensiva*, o Conselho Federal da OAB tratou da matéria no Provimento 188/2018:

> Art. 1º Compreende-se por investigação defensiva o complexo de atividades de natureza investigatória desenvolvido pelo advogado, com ou sem assistência de consultor técnico ou outros profissionais legalmente habilitados, em qualquer fase da persecução penal, procedimento ou grau de jurisdição, visando à obtenção de elementos de prova destinados à constituição de acervo probatório lícito, para a tutela de direitos de seu constituinte.

Trata-se, a denominada *investigação defensiva*, de atividade desenvolvida por advogado, que abrange, em especial, a colheita de depoimentos, pesquisa e obtenção de dados e informações disponíveis em órgãos públicos ou privados, solicitação de laudos e exames periciais, sempre devendo ser ressalvadas as hipóteses de reserva de jurisdição. Nesse sentido, o Provimento 188/2018 oportuniza ao defensor o uso de todas as diligências investigatórias necessárias ao esclarecimento do fato (art. 4º),[143] respeitado o sigilo das informações colhidas e os direitos individuais das pessoas envolvidas (art. 5º).

Quanto à finalidade para a qual deflagrada, a nomenclatura utilizada parece mais restrita que o objeto de ação regulamentado no Provimento 188/2018, cujo art. 3º indica que a *investigação defensiva* orienta-se à produção de prova para emprego em: pedido de instauração ou trancamen-

---

[142] PITOMBO, Antônio Sérgio Altieri. *O inquérito policial, como instrumento da defesa*. Disponível em: <www.migalhas.com.br>, acesso em 11-jun-2020.

[143] Art. 4º Poderá o advogado, na condução da investigação defensiva, promover diretamente todas as diligências investigatórias necessárias ao esclarecimento do fato, em especial a colheita de depoimentos, pesquisa e obtenção de dados e informações disponíveis em órgãos públicos ou privados, determinar a elaboração de laudos e exames periciais, e realizar reconstituições, ressalvadas as hipóteses de reserva de jurisdição. Parágrafo único. Na realização da investigação defensiva, o advogado poderá valer-se de colaboradores, como detetives particulares, peritos, técnicos e auxiliares de trabalhos de campo.

to de inquérito, rejeição ou recebimento de denúncia ou queixa; resposta à acusação, pedido de medidas cautelares; defesa em ação penal pública ou privada; razões de recurso; revisão criminal; habeas corpus; proposta de acordo de colaboração premiada; proposta de acordo de leniência e outras medidas destinadas a assegurar os direitos individuais em procedimentos de natureza criminal.

No que diz respeito à independência conferida ao advogado na atividade investigativa, o Provimento 188/2018 não traçou qualquer distinção entre a investigação encampada pelos *in-house lawyers*, vinculados à empresa por uma relação laboral, e os *outside lawyers*, advogados de bancas externas – o que acaba sendo matéria de alguma controvérsia no contexto das investigações corporativas; apenas assentou que as atividades nele descritas são *privativas da advocacia* (art. 7º).

4.2.9. Direitos de autodefesa

Autodefesa, aqui, não corresponde à hipótese, admitida em lei, do acusado que atua em causa própria, promovendo, como advogado, sua própria defesa técnica (art. 263 do CPP). Para os efeitos deste tópico, a autodefesa abrange as oportunidades processuais em que o acusado participa ativamente de sua defesa, dirigindo-se diretamente, por direito próprio, ao juiz, na forma estabelecida em lei.

Daí se sustenta, em doutrina, que o direito de defesa se exterioriza por uma composição dualística,[144] a abranger a *defesa técnica*, patrocinada por profissional habilitado, e a *autodefesa*, exercida pelo próprio acusado. Na expressão do Ministro Marco Aurélio, a ampla defesa se perfaz na *simbiose* entre a defesa técnica e a autodefesa do acusado.[145]

---

[144] MOURA, Maria Thereza Rocha de Assis; BASTOS, Cleunice A. Valentim, "Defesa Penal: Direito ou Garantia", *Revista Brasileira de Ciências Criminais*, ano 1. n. 4, out-dez. 1993, p. 117.

[145] A autodefesa representa a garantia de defender-se pessoalmente e, portanto, de fazer-se presente no julgamento (Voto do Min. Marco Aurélio no RE 635.145, Red. Acórdão Min. Luiz Fux, j. 01/08/2016).

Entre ambos os modos de exercício do direito há de existir uma relação de coerência, sob pena de eventual nulidade processual.[146]

O *direito de se defender pessoalmente* abrange (i) o *direito de falar em defesa própria* (interrogatório), (ii) o *direito de ação* (*habeas corpus* e revisão criminal), o (iii) direito de *recurso* e, naquilo que não colida com a lei – sobretudo, com as atribuições privativas do advogado –, (iv) o direito de *petição*.

4.2.9.1. Direito de falar em defesa própria (interrogatório)

O momento procedimental clássico para o exercício da autodefesa, na perspectiva de um direito a falar em defesa própria, é o interrogatório, ocasião em que, a despeito de necessariamente acompanhado de advogado, a voz é do indivíduo – investigado ou acusado. Na precisa síntese do Ministro do STJ Rogério Schietti:

> Trata-se do "momento ótimo do acusado", o seu "dia na Corte" (*day in Court*), a única oportunidade, ao longo de todo o processo, em que ele tem voz *ativa* e *livre* para, se assim o desejar, dar sua versão dos fatos, rebater os argumentos, as narrativas e as provas do órgão acusador, apresentar álibis, indicar provas, justificar atitudes, dizer, enfim, tudo o que lhe pareça importante para a sua defesa, além, é claro, de responder às perguntas *que quiser responder*, de modo *livre*, *desimpedido* e *voluntário* (STJ – REsp 1.825.622, Rel. Min. Rogério Schietti, j. 20/10/2020).

O regramento legal do interrogatório no âmbito da ação penal é inaugurado com o seguinte dispositivo:[147]

---

[146] Ação Penal. (...) Defesa técnica. Autodefesa. (...) É nulo o processo criminal desde as alegações finais em que o advogado do réu reconheceu a existência do fato delituoso negado no interrogatório, e em cujo reconhecimento se fundou a sentença de condenação. (STF – RE 592.160, Rel. Min. Cezar Peluso, j. 16/09/2008).

[147] O dispositivo trata do interrogatório judicial, cujas diretrizes são também aplicáveis ao interrogatório no âmbito da investigação policial: CPP – art. 6º (...) V – ouvir o indiciado, com observância, no que for aplicável, do disposto no

Art. 185. O acusado que comparecer perante a autoridade judiciária, no curso do processo penal, será qualificado e interrogado na presença de seu defensor, constituído ou nomeado.

Enquanto *meio de (auto)defesa*, o interrogatório pressupõe a observância de uma série de posições jurídicas anteriormente problematizadas, tais: (i) o direito ao advogado (art. 185 do CPP); (ii) o direito de ser informado de seus direitos (art. 186 do CPP); (iii) o direito à entrevista prévia e reservada com o defensor (art. 185, § 5º, do CPP); (iv) o direito ao silêncio (art. 5º, LXIII, da CF e art. 186, parágrafo único, do CPP), que pode ser exercido *total* ou *parcialmente*, (STJ – HC 628.224, Rel. Min. Felix Fischer, j. 07/12/2020; STF – HC 94.016, Rel. Min. Celso de Mello, j. 16/09/2008) e (v) o direito de não comparecimento ao ato (acima, 4.2.7).

O interrogatório é sempre o último ato da instrução processual, seja no procedimento comum (art. 400 do CPP), seja nos procedimentos especiais previstos em legislação extravagante.[148] Essa ordem deve ser obedecida mesmo nos casos em que forem expedidas cartas precatórias para a oitiva de testemunhas (STJ – HC 585.942, Rel. Min. Sebastião Reis Júnior, j. 09/12/2020).

O ato é constituído de duas partes: indagações sobre a pessoa do acusado e sobre os fatos que são objeto da acusação (art. 187 do CPP).

A defesa também intervém no interrogatório (art. 188 do CPP). A jurisprudência do STF reconhece a legitimidade da participação da defesa, inclusive, em interrogatório de corréu, recomendando, inclusive, evitar-se "a coinci-

---

Capítulo III do Título VII, deste Livro, devendo o respectivo termo ser assinado por duas testemunhas que lhe tenham ouvido a leitura.

[148] A despeito de alguns procedimentos especiais ainda situarem o interrogatório no início da instrução (*v.g.* Lei 11.343/2006, art. 57, Lei 8.038/1993, art. 7º), o Plenário do STF decidiu que a disposição contida no art. 400 do CPP, que situa o interrogatório ao final da instrução, aplica-se a todos os procedimentos penais regidos por legislação especial (STF – HC 127.900, Rel. Min. Dias Toffoli, j. 03/03/2016).

dência de datas" quando a solenidade ocorrer em juízos distintos. Salientou o STF, a respeito, ser prerrogativa da defesa "decidir sobre a conveniência de comparecer ou não à audiência" (STF – AP 470 AgRg, Rel. Min. Joaquim Barbosa, j. 06/12/2007).[149]

Em observância ao contraditório, a inquirição dos acusados, após as indagações formuladas pelo juiz, deve se iniciar pela acusação, finalizando-se com a intervenção da defesa; existindo pluralidades de acusados e de defesas, por último deverá ter a palavra a defesa do interrogando (art. 188 do CPP). Se existirem acusados *colaboradores*, a oitiva destes de preceder a daqueles que não ostentem essa condição (art. 4º, § 10, da Lei 12.850/13).

4.2.9.2. Direito de ação

Em temas ligados ao ambiente jurídico-penal, o direito de ação pode ser exercido pelo próprio indivíduo, sem a necessidade de representação processual por advogado, em duas situações. O exemplo mais conhecido é a impetração de *habeas corpus*. Antes de um recurso processual, o *habeas corpus* é uma ação constitucional de liberdade, destinada à proteção da liberdade diante de ilegalidade ou abuso de poder (art. 5º, LXVIII, da CF).

A Lei 8.906/94 (Estatuto da Advocacia) previu:

> Art. 1º São atividades privativas de advocacia: (...)
>
> § 1º Não se inclui na atividade privativa de advocacia a impetração de habeas corpus em qualquer instância ou tribunal.

Igualmente, o CPP:

> Art. 654. O *habeas corpus* poderá ser impetrado por qualquer pessoa, em seu favor ou de outrem, bem como pelo Ministério Público.

---

[149] A decisão em referência foi proferida no "Caso Mensalão", no qual os interrogatórios, de quase quatro dezenas de acusados, foram atribuídos a juízes instrutores, em diferentes subseções judiciárias, de modo que era plausível o coincidência de datas de interrogatórios de acusados.

A outra hipótese de ação passível de proposição diretamente pelo acusado é a revisão criminal:

Art. 623. A revisão poderá ser pedida pelo próprio réu ou por procurador legalmente habilitado ou, no caso de morte do réu, pelo cônjuge, ascendente, descendente ou irmão.

O STF reconheceu, já sob a vigência da Constituição de 1988, que o art. 133 da CF não afetou a legitimidade do particular para a impetração de *habeas corpus* (HC 67.390, Rel. Min. Moreira Alves, DJ 06/04/1990) nem para a propositura da ação de revisão criminal (HC 72.981, Rel. Min. Moreira Alves, DJ 14/11/1995).

4.2.9.3. Direito de recurso

Admite-se ainda, no processo penal, que o recurso seja diretamente interposto pelo réu (art. 577 do CPP). Essa disposição, prevista no Título II (Dos Recursos em Geral), está orientada para a hipótese de recurso contra a sentença condenatória, da qual o acusado deve ser intimado pessoalmente (art. 392 do CPP e STF[150]).

4.2.9.4. Direito de petição

Excepcional e subsidiariamente, em situações que não colidam com a Lei 8.906/94 (Estatuto da Advocacia), o indivíduo poderá dirigir-se à autoridade à baseado no direito constitucional de petição, conforme dispõe o art. 5º, XXXIV, "a", da Constituição:

> XXXIV – são a todos assegurados, independentemente do pagamento de taxas: a) o direito de petição aos Poderes Públicos em defesa de direitos ou contra ilegalidade ou abuso de poder;

---

[150] O STF tem decidido que "conforme a jurisprudência reiterada deste Supremo Tribunal Federal, em homenagem à garantia constitucional da ampla defesa, a intimação da sentença condenatória deve ser feita tanto ao acusado quanto ao seu defensor" (STF – HC 108.563, Rel. Min. Gilmar Mendes, j. 06/09/2011).

O direito de petição não assegura ao interessado – que não dispõe da capacidade postulatória – a possibilidade ingressar em juízo para litigar em nome próprio, independentemente de advogado (STF – ARrg-AR 1.354, Rel. Min. Celso de Mello, DJ 06/06/1997).

O interesse vertido no âmbito jurídico-penal está, em regra, atrelado à liberdade individual, de sorte que eventual apontamento de ilegalidade ou abuso de poder, com esse escopo de proteção, é recebido pelo Poder Judiciário como ação de *habeas corpus*, ainda que não tenha sido esse o endereçamento. Entretanto, poderá avultar algum interesse correlato cujo direcionamento ao Poder Judiciário se admitiria como medida extrema para a salvaguarda de direitos. Trata-se de recurso normalmente utilizado por indivíduos com dificuldade no acesso à Justiça, que assim têm, minimamente, a virtude de despertar a ação do Poder Público, até mesmo no objetivo de provocar a designação de defensor ao peticionante, para que postule em seu nome.

4.2.10. Direito de influência na decisão judicial

Com apoio em decisões do Tribunal Constitucional da Alemanha, Gilmar Mendes assinala que a pretensão à tutela jurídica, enquanto expressão do direito à ampla defesa, se apoia não apenas nos direitos de *informação* e *manifestação*, dos quais cuidamos até aqui; seu exercício contempla um terceiro pilar: o *direito de ver os seus argumentos contemplados pelo órgão incumbido de julgar*.[151]

---

[151] MENDES, Gilmar Ferreira; BRANCO, Paulo Gustavo Gonet. *Curso de Direito Constitucional*. 6. ed. São Paulo: Saraiva, 2011, p. 494. Referência jurisprudencial: BVerfGE, 70, 288-293. STF – MS 22.693, Rel. Min. Gilmar Mendes, j. 17/11/2010. Após essas primeiras formulações da jurisprudência alemã, a pretensão de influir na decisão judicial foi sendo assumida na doutrina italiana. Vittorio Denit anota que se trata de *garanzia comune a ogni tipo di processo, che se sostanzia nell'esercizio dei poteri di iniziativa processuale e di acquisizione probatoria, idonei ad influire sulla formazione del convencimento del giudice*. DENTI, Vittorio. *La Giustizia Civile*, p. 204; também em: "In questo contesto, osserviamo che la comprensione del contraddittorio come diritto di influenza esprime la democrazia deliberativa nel processo (...). CABRAL, Antônio do Passo, Il Principio del Contraddittorio come

Trata-se de uma pretensão de influência,[152] que a doutrina também denomina *direito de influência*[153] sobre a formação do convencimento judicial. A essa pretensão corresponde, primeiramente, um dever de atenção do magistrado; e, a seguir, um dever de tomar em consideração os argumentos da parte, acolhendo ou refutando, jamais, entretanto, ignorando-os.[154] Afinal, de nada valeria garantir ao acusado o direito ao contraditório "se se consentisse ao juiz o poder de não considerar as alegações das partes".[155] Ao juiz é vedado o silêncio diante de argumento relevante trazido pela parte.[156]

Não se está a sugerir, logicamente, que a postulação defensiva deva ser atendida, mas que seja seriamente considerada, vedando-se a *argumentação elisiva*, que afasta a reivindicação da defesa mediante o recurso a uma linguagem padronizada, circunstancialmente utilizada de modo a contornar o dever de motivação idônea das decisões judiciais;[157] um dever incorporado à legislação processual

---

diritto d'influenza e dovere di dibattito, *Rivista di Diritto Processuale*, Padova, 2005, p. 456. Na doutrina portuguesa, Pinto de Albuquerque expressa que o dever de fundamentação exige "saber se o tribunal recorrido apreciou ou não toda a matéria relevante da contestação". ALBUQUERQUE, Paulo Pinto de. *Comentário do Código de Processo Penal à luz da Constituição da República e da Convenção Europeia dos Direitos do Homem*. Universidade Católica Editora, 2011, p. 967. Referência jurisprudencial: BVerfGE, 70, 288-293. Na jurisprudência nacional: STF – MS 22.693, Rel. Min. Gilmar Mendes, DJ 13/12/2010.

[152] Conforme art. 2º § 2º, da Lei 8.906/94 (Estatuto da Advocacia), na postulação de decisão favorável ao seu constituinte, o advogado *contribui ao convencimento do julgador*.

[153] MARINONI, Luiz Guilherme; ARENHART, Sérgio Cruz; MITIDIERO, Daniel. *Código de Processo Civil Comentado*. 4. ed. São Paulo: RT, 2018, p. 615. Sob o enfoque do processo civil, os autores referem sobre um "dever de debate" do juiz com as partes.

[154] FAZZALARI. Elio. *Istituzioni di Diritto Processuale*. VII Edizione, Padvoa: Cedam, 1996, p. 83.

[155] TARUFFO, Michele. *La motivazione della sentenza civile*. Padova: Cedam, 2002, p. 402. *Apud* WAMBIER, Teresa Arruda Alvim, A influência do contraditório na convicção do juiz: fundamentação de sentença e de acórdão, *Revista de Processo*, n. 168, fev/2009 p. 63.

[156] REICHELT, Luis Alberto. "Conteúdo e garantia do contraditório". *Revista de Processo*, São Paulo, ano 33, 162, 2008, p. 344.

[157] Nesse ponto, decidiu o STF que "a garantia constitucional alusiva ao acesso ao Judiciário engloba a entrega da prestação jurisdicional de forma comple-

civil – que já vinha sendo aplicada subsidiariamente ao processo penal[158] – e, ainda mais recentemente, à legislação processual penal:

> CPC – Art. 489. São elementos essenciais da sentença:
> (...)
> § 1º Não se considera fundamentada qualquer decisão judicial, seja ela interlocutória, sentença ou acórdão, que:
> (...)
> III – invocar motivos que se prestariam a justificar qualquer outra decisão;
> IV – não enfrentar todos os argumentos deduzidos no processo capazes de, em tese, infirmar a conclusão adotada pelo julgador.

> CPP – Art. 315. (...)
> § 2º Não se considera fundamentada qualquer decisão judicial, seja ela interlocutória, sentença ou acórdão, que:
> III – invocar motivos que se prestariam a justificar qualquer outra decisão;
> IV – não enfrentar todos os argumentos deduzidos no processo capazes de, em tese, infirmar a conclusão adotada pelo julgador;

---

ta, emitindo o Estado-juiz entendimento explícito sobre as matérias de defesa veiculadas pelas partes. Nisto está a essência da norma inserta no inc. XXXV do art. 5º, da Carta da República" (STF – RE 172.084, Rel. Min. Marco Aurélio, j. 29/11/1994).

[158] RECURSO EM *HABEAS CORPUS*. TRÁFICO DE DROGAS. ART. 312 DO CPP. *PERICULUM LIBERTATIS*. FUNDAMENTAÇÃO INSUFICIENTE. RECURSO PROVIDO. 1. A prisão preventiva possui natureza excepcional, sempre sujeita a reavaliação, de modo que a decisão judicial que a impõe ou a mantém, para compatibilizar-se com a presunção de não culpabilidade e com o Estado Democrático de Direito – o qual se ocupa de proteger tanto a liberdade individual quanto a segurança e a paz públicas –, deve ser suficientemente motivada, com indicação concreta das razões fáticas e jurídicas que justificam a cautela, nos termos dos arts. 312, 313 e 282, I e II, do Código de Processo Penal. (...) 4. É inválida a motivação que se encaixa em todos os casos nos quais o autuado seja preso em flagrante pela suposta prática de crime de tráfico de drogas –, o que contraria o disposto no art. 489, § 1º, III, do Código de Processo Civil. (...) (STJ – RHC 113.835/BA, Rel. Ministro Rogério Schietti Cruz, Sexta Turma, j. 10/09/2019).

A Corte Interamericana de Direitos Humanos reconhece o dever judicial de considerar os argumentos das partes, bem como de analisar o conjunto de provas apresentado. Em *Apitz Barbera e outros v. Venezuela*, decidiu a Corte que a fundamentação de uma sentença deve mostrar que foram devidamente tomados em conta os argumentos trazidos pelas partes, e que o conjunto de provas tenha sido analisado.[159]

No mesmo tom é a jurisprudência do Tribunal Europeu de Direitos Humanos. No paradigmático caso *Wagner e J.M.W.L. v. Luxemburgo*, a Corte afirmaria que o juiz, mesmo não estando obrigado a indicar as razões para a rejeição de cada argumento invocado pela parte, deve empreender um exame adequado e responder aos principais fundamentos invocados; e sublinhou: quando esses fundamentos tiverem relação com os "direitos e liberdades" garantidos pela Convenção e seus Protocolos, os tribunais nacionais são *obrigados a examiná-los com particular rigor e cuidado*.[160]

4.3. Direitos do advogado (prerrogativas profissionais)

Nesta perspectiva de exercício do direito de defesa, o titular das posições jurídicas é o advogado, cuja ação pro-

---

[159] "El Tribunal ha resaltado que las decisiones que adopten los órganos internos que puedan afectar derechos humanos deben estar debidamente fundamentadas, pues de lo contrario serían decisiones arbitrarias. En este sentido, la argumentación de un fallo debe mostrar que han sido debidamente tomados en cuenta los alegatos de las partes y que el conjunto de pruebas ha sido analizado. (...)" CIDH – Apitz Barbera y otros *v.* Venezuela, j. 5/08/2008.

[160] The Court must bear in mind that, even though the courts cannot be required to state the reasons for rejecting each argument of a party (see Ruiz Torija, cited above, § 29), they are nonetheless not relieved of the obligation to undertake a proper examination of and respond to the main pleas put forward by that party (see, mutatis mutandis, Donadze *v.* Georgia, no. 74644/01, § 35, 7 March 2006). Where, in addition, those pleas deal with the "rights and freedoms" guaranteed by the Convention and the Protocols there to, *the national courts are required to examine them with particular rigour and care*. TEDH – Wagner and J.M.W.L. *v.* Luxembourg, j. 28/06/2007.

fissional, situada entre as *funções essenciais à Justiça*, está protegida pela Constituição sob a nota da *indispensabilidade*:

Art. 133. O advogado é indispensável à administração da justiça, sendo inviolável por seus atos e manifestações no exercício da profissão, nos limites da lei.

Em nível legislativo, a Lei 8.906/94 (Estatuto da Advocacia) entabula os direitos do advogado (Título I, Capítulo II, artigos 6º e 7º), concebidos como *meios* predispostos a assegurar o manejo pleno, livre e sem embaraços, dos *recursos* inerentes à ampla defesa (art. 5º, LV, da CF). Essa relação de complementariedade normativa entre a Constituição e o Estatuto foi destacada pelo STF:

> Não constitui demasia assinalar que as prerrogativas profissionais dos Advogados representam emanações da própria Constituição da República, pois, embora explicitadas no Estatuto da Advocacia (Lei nº 8.906/94), foram concebidas com o elevado propósito de viabilizar a defesa da integridade dos direitos fundamentais das pessoas em geral, tais como formulados e proclamados em nosso ordenamento constitucional. Compõem, por isso mesmo, considerada a finalidade que lhes dá sentido e razão de ser, o próprio estatuto constitucional das liberdades públicas.
>
> As prerrogativas profissionais não devem ser confundidas nem identificadas com meros privilégios de índole corporativa, pois se destinam, enquanto instrumentos vocacionados a preservar a atuação independente do Advogado, a conferir efetividade às franquias constitucionais invocadas em defesa daqueles cujos interesses lhe são confiados. (STF – HC 98.237, Rel. Min. Celso de Mello, j. 15/12/2009).

A seu turno, a Lei 8.906/94 (Estatuto da Advocacia) interage com o Código de Ética e Disciplina da OAB, destinado a regular, dentre outros, os deveres do advogado com o cliente (art. 33 da Lei 8.906/94). O Código é explícito em assumir que "não há causa indigna",[161] apontando como direito e dever do advogado assumir a defesa criminal, sem considerar sua própria opinião sobre a culpa do acusado, cabendo-lhe "agir, como defensor, no sentido de que a todos seja concedido tratamento condizente com a dignidade da pessoa humana, sob a égide das garantias constitucionais" (art. 23).

A via processual aberta para a proteção dessas prerrogativas profissionais poderá ser distinta daquelas – ou alternativa àquelas – utilizadas para a proteção imediata do direito de liberdade individual do assistido. Enquanto restrições aos direitos de defesa comportam, em geral, a impetração de *habeas corpus*, eventuais violações atentatórias diretamente à liberdade de exercício profissional serão, em regra, impugnáveis por mandado de segurança (*v.g.*, violação à inviolabilidade do escritório de advocacia).[162]

4.3.1. Direito à liberdade profissional e dever de independência

A Lei 8.906/94 (Estatuto da Advocacia) inaugura o rol de prerrogativas indicando que é direito do advogado exercer com *liberdade* a profissão.

Art. 7º São direitos do advogado:

I – exercer, com *liberdade*, a profissão em todo o território nacional;

---

[161] Disposição deontológica que tem origem em manifestação de Ruy Barbosa, em resposta à consulta que lhe formulara Evaristo de Morais, sobre se deveria assumir a defesa criminal em polêmico (e impopular) caso de homicídio, que àquele tomara a atenção da sociedade do Rio de Janeiro (1911). BARBOSA, Ruy. *O Dever do Advogado*. Montecristo, 2012.

[162] Sem prejuízo, quando a situação de fato representar ameaça simultânea ao direito do indivíduo (interessado, investigado ou acusado) quanto às prerrogativas do advogado, o *habeas corpus* se apresenta como meio idôneo ao questionamento da legalidade do ato impugnável (art. 7º, XIV, da Lei 8.906/94 e Súmula Vinculante 14 – STF). STF – HC 82.354, Rel. Min. Sepúlveda Pertence, j. 10/08/2004.

Em primeira ordem, é preciso acentuar que essa liberdade de ação profissional está associada à *independência* que o advogado deve manter, *em qualquer circunstância* (art. 31, § 1º, da Lei 8.906/94). Essa diretriz legal, instituída ao fiel desempenho do mandato que lhe é confiado pelo constituinte, exige do advogado uma postura à altura dessa responsabilidade. Ao advogado é vedado amendrontar-se, seja subjugando-se à autoridade pública,[163] seja atuando com receio de incorrer em impopularidade,[164] seja deixando-se usar no contexto de um ambiente hierárquico que lhe destitua de capacidade crítica.[165]

Deve o advogado, por essência, manter sua *autonomia de critério*, não se acovardando perante terceiros e não se deixando corromper por interesses pessoais que possam se sobrepujar àqueles que informam a relação com o cliente. O advogado que comercializa sua função, colocando-se como instrumento, utilizando-a como meio para oferecimento, obtenção ou troca de favores, atuais ou em perspectiva, está sendo qualquer coisa, menos advogado. Também é lógico – como já implícito nas linhas acima – que essa independência deve ser resguardada perante o próprio cliente.

Assentada essa condição, e observado o dever da boa técnica, o advogado é *livre* na condução de seu trabalho, inclusive na escolha da linha de intervenção defensiva (art. 2º, parágrafo único, II; art. 4º, art. 8º, § 1º, art. 11 e art. 28 do Código de Ética da OAB). Aqui destacamos a *liberdade de estratégia* que inspira a atuação do advogado, uma espécie de *opção tática do defensor* (STF – RE 205.260, Rel.

---

[163] Lei 8.906/94 – Art. 6º Não há hierarquia nem subordinação entre advogados, magistrados e membros do Ministério Público, devendo todos tratar-se com consideração e respeito recíprocos.

[164] Lei 8.906/94 – Art. 31 (...) § 2º. Nenhum receio de desagradar a magistrado ou a qualquer autoridade, nem de incorrer em impopularidade, deve deter o advogado no exercício da profissão

[165] Lei 8.906/94 – Art. 18. A relação de emprego, na qualidade de advogado, não retira a isenção técnica nem reduz a independência profissional inerentes à advocacia.

Min. Sepúlveda Pertence, j. 23/11/2004) que se manifesta especialmente mediante:

(i) a eleição, dentre as vias processuais disponíveis, da mais conveniente sob o ponto de vista do resultado esperado. Exemplificativamente, na recusa da autoridade policial em conceder vista integral dos elementos registrados no inquérito policial, ao advogado se apresenta uma série de mecanismos de impugnação (*v.g.* petição ao juízo, *habeas corpus*, mandado de segurança, reclamação), sendo *livre* para manejar o instrumento que entender mais adequado nas circunstâncias;

(ii) a opção de aguardar o momento mais oportuno para a arguição de determinada questão jurídica, sendo ilustrativo o caso em que o defensor opta por não "adiantar" as linhas defensivas que serão desenvolvidas. Nesse ponto, revela-se ilegítimo, por exemplo, solicitar que o advogado se antecipe ao momento da audiência para indicar os questionamentos que pretende realizar à testemunha arrolada, ou que seja submetido ao ônus da impugnação específica em momento prévio às alegações finais (memoriais).

No exercício dessa liberdade de atuação profissional, é recomendável que as escolhas estratégicas sejam previamente discutidas com o cliente, que eventualmente delegará a decisão ao advogado. Considerando que a confiança recíproca é o motor dessa relação,[166] advogado e cliente devem estar sintonizados na tomada das decisões estratégicas de defesa, cabendo ao advogado cientificar o cliente sobre os riscos da demanda, colhendo-lhe o *consentimento informado* (art. 9º do Código de Ética da OAB).

Nessa linha, outro desdobramento da liberdade de estratégia é a possibilidade de o advogado adotar ape-

---

[166] Art. 10 do Código de Ética da OAB: "As relações entre advogado e cliente baseiam-se na confiança recíproca. Sentindo o advogado que essa confiança lhe falta, é recomendável que externe ao cliente sua impressão e, não se dissipando as dúvidas existentes, promova, em seguida, o substabelecimento do mandato ou a ele renuncie".

nas parte das teses e pedidos defensivos oponíveis. O STF considerou legítima a atuação de advogada que, em vez de pugnar pela absolvição de seu cliente, requereu a aplicação da pena no patamar mínimo legal, postura considerada estratégica e "articulada à perspectiva de êxito que vislumbrou nos argumentos de que dispunha" (STF – RE 108.478, Rel. Min. Francisco Rezek, j. 17/06/1986).

Uma importante questão que tem gerado alguma controvérsia é a seguinte: estaria abarcada no livre exercício profissional a comunicação entre defensores de acusados diversos, para fins de alinhamento de táticas processuais? Ilustrativamente, imaginemos a situação em que dois ou mais acusados respondem a um mesmo processo, pelos mesmos fatos, contexto em que os defensores conversam entre si, bem como os acusados, de modo a preparar o interrogatório.

A questão já foi analisada pelo STF, que decidiu que "compreende-se no direito de defesa estabelecerem os corréus estratégias de defesa" (STF – HC 86.864 MC, Rel. Min. Carlos Velloso, j. 20/10/2005). Mais recentemente, o STF indicou que ainda poderá debater a matéria (STF – HC 141.478-MC, Rel. Min. Gilmar Mendes, j. 05/04/2017).

Trata-se, outra vez, de discussão a ser travada a partir do marco constitucional. À luz da normatividade que carrega o direito de ampla defesa, apenas restrições fixadas por lei são capazes de delimitar-lhe o âmbito de proteção.[167] Veja-se, a propósito, o art. 191 do CPP, ao dispor sobre a separação dos interrogatórios.[168] A restrição está limitada ao ato de interrogatório, e não aos momentos que lhe antecedem, ou sucedem. Ampliá-la significaria intervir gravemente não apenas nos poderes processuais das partes, mas na própria esfera de liberdade do indivíduo e do profissional.

---

[167] A propósito, essa é a posição compartilhada por MALAN, Diogo. *Advocacia Criminal e Sua Criminalização*. Consultor Jurídico, 18/11/2020.

[168] Essa vedação foi estrategicamente relativizada pelo lado do próprio Estado, especialmente em casos de repercussão midiática, culminando com forte publicidade sobre audiências judiciais, inclusive interrogatórios.

É fato que a lei poderá restringir eventual possibilidade de interação entre os acusados, desde que isso se revele uma restrição necessária e adequada aos fins perseguidos em uma sociedade democrática, conforme dispõem as convenções internacionais. Não parece que possa ser o caso. A possibilidade de que daí decorram conversas tendentes a evitar depoimentos contraditórios é coerente com um regime constitucional-legal que não pune o perjúrio e garante o silêncio, total ou parcial, dos acusados.[169]

Por outro lado, restringir judicialmente um direito fundamental, sem base legal, revelaria ilegítima invasão de sua área de proteção, o que chegou a ocorrer em algumas operações policiais que deram cumprimento a conduções coercitivas (também ilegais) para imediato interrogatório dos atingidos, decretadas, precisamente, com o objetivo de impedir que conversassem entre si e alinhassem um determinado posicionamento.

Além disso, traga-se do mundo real a recorrente situação de que os acusados, muitas vezes, são sócios da mesma empresa, ou mesmo parentes, possuindo o mesmo defensor. Ora, impedir que haja comunicação de tal ou qual conteúdo entre ambos significaria, em última análise, privar o advogado de prestar assistência jurídica efetiva pelo menos a um deles, em violação à confiança recíproca que embasa a relação advogado-cliente, conforme assim prevê o Código de Ética da OAB (art. 10). Essa situação não pode ser tratada apenas como uma exceção. Acaso se admitisse o ajuste de interrogatórios apenas de acusados com o mesmo defensor, haveria injustificável tratamento diferenciado entre acusados que possuem o mesmo defensor, daqueles que se defendem com profissionais diferentes.

---

[169] O próprio art. 391, III, do CPP (proibição de manter contato com pessoa determinada quando, por circunstâncias relacionadas ao fato, deva o indiciado ou acusado dela permanecer distante), sobre ser uma medida de natureza cautelar, parece estar direcionado a fatos e circunstâncias que se relacionem a possível uso da violência, o que de nenhuma forma se compraz com o ambiente de estratégia defensiva.

Assim, inexiste qualquer vedação a que acusados conversem entre si, ou mesmo que seus defensores o façam. Isso atende a uma circunstância de realidade, de exercício de ação não proibida. Novamente, chama-se o princípio da atipicidade processual para indicar que a ação defensiva, constitucionalmente ampla, não necessita de lei para legitimá-la. Vigora plenamente, portanto, o princípio da liberdade de estratégia, devendo o advogado exercê-lo em respeito aos padrões éticos estabelecidos na Lei 8.906/94 (Estatuto da Advocacia) e no Código de Ética da OAB.

Nesse ponto, e como tratado acima, situa-se, exemplificativamente, fora do âmbito de proteção do direito de defesa, não se conformando, portanto, ao ambiente de liberdade profissional, (i) a instrumentalização capciosa das formas jurídicas no objetivo de deteriorar o funcionamento dos órgãos de Estado; (ii) o ajuizamento de lides temerárias; e (iii) o patrocínio de clientes com interesses conflitantes. Esses e outros limites da atuação profissional encontram suporte normativo na Lei 8.906/94 (Estatuto da Advocacia) e no Código de Ética da OAB, sob a perspectiva de deveres e proibições (art. 2º, parágrafo único, VII, VIII, art. 6º, art. 14, art. 19 e art. 20).

4.3.2. Direito à inviolabilidade

A Constituição Federal dispõe que o advogado é *"inviolável* por seus atos e manifestações no exercício da profissão, nos limites da lei" (art. 133). A lei em questão é a Lei 8.906/94 (Estatuto da Advocacia), que detalha a *imunidade profissional*.

Art. 2º (...) § 3º No exercício da profissão, o advogado é *inviolável* por seus atos e manifestações, nos limites desta lei.

Art. 7º São direitos do advogado: (...)

§ 2º O advogado tem *imunidade profissional*, não constituindo injúria, difamação puníveis qualquer manifestação de sua parte, no exercício de sua atividade, em juízo ou fora dele, sem prejuízo das sanções disciplinares perante a OAB, pelos excessos que cometer.[170]

De sua vez, a inviolabilidade *do escritório e dos instrumentos de trabalho,* bem como *das comunicações relativas ao exercício da advocacia,* está tratada art. 7º, II, da Lei 8.906/94 (Estatuto da Advocacia):

> Art. 7º São direitos do advogado: (...)
> II – a inviolabilidade de seu escritório ou local de trabalho, bem como de seus instrumentos de trabalho, de sua correspondência escrita, eletrônica, telefônica e telemática, desde que relativas ao exercício da advocacia.

Aqui se verifica uma certa fungibilidade terminológica. Aquilo que a Constituição denominou *inviolabilidade* dos atos e manifestações do advogado (art. 133 da CF) é indistintamente tratado pela Lei 8.906/94 (Estatuto da Advocacia), pela doutrina[171] e pelos tribunais[172] sob o rótulo de *imunidade,* à semelhança da *imunidade parlamentar* que alude ao dispositivo constitucional que dispõe serem os Deputados e Senadores *invioláveis* pelas opiniões, palavras e votos. (art. 53 da CF).[173]

Seja como for, temos aqui:

---

[170] O dispositivo foi objeto de ADI, na qual concluiu-se, por maioria, pela inconstitucionalidade da expressão *"ou desacato",* retirando do ordenamento jurídico a imunidade profissional em relação a fatos que se enquadrem no tipo penal correspondente (ADI 1.127, Relator do acórdão Min. Ricardo Lewandowski, j. 17/05/2006).

[171] "A Constituição Federal de 1988, em seu art. 133, tornou o advogado 'inviolável por seus atos e manifestações no exercício da profissão, nos termos da lei'. Concedeu-lhe *imunidade* penal judiciária (material), semelhante à dos parlamentares (CF, art. 53, *caput*)". JESUS, Damásio de. *Código Penal Anotado.* São Paulo: Saraiva, 2015.

[172] Exemplificativamente, confira-se ementa de julgamento do STF em que, para a mesma situação, utilizou-se os termos *"inviolabilidade do advogado", "intangibilidade profissional"* e *"imunidade constitucional"* (STF – RHC 81.750, Rel. Min. Celso de Mello, j. 12/11/2002).

[173] Veja-se a ementa do seguinte julgado: "O art. 53 da Constituição da República dispõe que os deputados são isentos de enquadramento penal por suas opiniões, palavras e votos, ou seja, têm *imunidade material* no exercício da função parlamentar" (STF – Inq 2.297, Rel. Min. Cármen Lúcia, j. 20/09/2007).

(i) a *inviolabilidade pessoal*,[174] ou imunidade profissional, como a garantia de proteção do advogado pelos seus atos e manifestações (arts. 2º, § 3º, e 7º, § 2º, da Lei 8.906/94);

(ii) a *inviolabilidade dos meios de trabalho e das comunicações* como a garantia de proteção do advogado em relação ao seu local de trabalho, aos instrumentos e às comunicações relativas ao exercício da advocacia (art. 7º, II, da Lei 8.906/94).

4.3.2.1. Inviolabilidade pessoal (imunidade profissional)

A *inviolabilidade pessoal* do advogado tem como objeto as palavras, as manifestações e os atos proferidos no exercício da profissão. Trata-se de garantia "indispensável para que o advogado possa exercer condigna e amplamente seu múnus público" (STF – ADI 1.127, Red. p. ac. Min. Ricardo Lewandowski, j. 17.5.2006).

Há duas disposições legais para as quais devemos atentar:

(i) art. 142, I, do Código Penal, que exclui a punibilidade dos crimes de injúria ou difamação, quando a ofensa for "irrogada em juízo, na discussão da causa, pela parte ou por seu procurador" e

(ii) art. 7º, § 2º, da Lei 8.906/94 (Estatuto da Advocacia), que exclui a punição da injúria ou da difamação em relação ao advogado por "qualquer manifestação de sua parte, no exercício de sua atividade, em juízo ou fora dele, sem prejuízo das sanções disciplinares perante a OAB, pelos excessos que cometer".[175]

---

[174] O termo é utilizado pelo Ministro Celso de Mello, ao referir o dispositivo do art. 133 da Constituição: "(...) esse preceito constitucional consagra um princípio, o da essencialidade da Advocacia, e institui uma garantia, a da *inviolabilidade pessoal* do Advogado" (STF – HC 98.237, Rel. Min. Celso de Mello, j. 15/12/2009).

[175] O dispositivo foi objeto de ADI, na qual concluiu-se, por maioria, pela inconstitucionalidade da expressão *"ou desacato"* contida na redação originária, retirando do ordenamento jurídico a imunidade profissional em relação a fatos

Em situação na qual o advogado consignou, em petição, que o juiz era um "arrostador de regras comezinhas do direito processual civil", a manifestação foi considerada expressão de crítica à decisão judicial impugnada, e não um ataque pessoal ao magistrado. Assentou o STF, na ocasião, que as afirmações que guardem alguma pertinência com a discussão da causa e não degenerem em abuso estariam abarcadas pela inviolabilidade pessoal do advogado (STF – Inq. 1.674, Redator do acórdão Min. Sepúlveda Pertence, j. 06/09/2001).

Também foram abrangidas pela inviolabilidade pessoal as expressões citadas em representação por abuso de autoridade, na qual o patrono fez constar que o representado "deveria encontrar-se internado em um manicômio" pois praticara "atos insanos e desumanos", tendo, inclusive, comparado o representado a Adolf Hitler. Nos termos do julgamento, que decidiu, por maioria, trancar a ação penal por crime contra a honra em face do advogado: "evidenciado está, dessa forma, pertinência racional entre as manifestações injuriosas e a controvérsia existente. Na defesa dos interesses do seu cliente, o advogado julgou necessário, para fins de convencimento, o uso das expressões. O móvel que transparece é o de sustentar a posição do seu constituinte, e não o de agredir desarrazoadamente a autoridade". Assim, a atuação profissional caracterizada pelo *animus defendendi* atraiu a inviolabilidade pessoal reservada ao advogado (STF – RHC 82.033, Rel. Min. Nelson Jobim, j. 29/10/2002).

Restaram igualmente protegidos os advogados que levaram ao conhecimento das autoridades correcionais elementos de suposta prática de abuso de autoridade por magistrada, veiculando que ela teria agido com "abusividade" na edição de uma portaria, e que "consciente e voluntariamente praticou o crime". Destacou o STJ que os profissionais fizeram uso do instrumento processual

---

que se enquadrem no tipo penal correspondente (ADI 1.127, Redator do acórdão Min. Ricardo Lewandowski, j. 17/05/2006).

cabível e não extrapolaram os limites legais do direito de petição (STJ – REsp 883.411, Rela. Min. Laurita Vaz, j. 02/12/2010).

Em outro caso, no qual os advogados, nas razões de apelação, propagaram que o magistrado sentenciante era "o mais covarde adversário" do réu, equiparando-o a um "justiceiro", o STF pontuou que o advogado possui o "poder-dever de questionar, de criticar e de buscar a correção dos abusos", e que o uso de expressões contumeliosas, "quando proferidas em momento de exaltação ou no calor de uma discussão, bem assim o exercício, pelo agente, do direito de crítica ou de censura profissional, ainda que veemente, atuam como fatores de descaracterização do elemento subjetivo peculiar aos tipos penais definidores dos crimes contra a honra" (STF – HC 98.237, Rel. Min. Celso de Mello, j. 15/12/2009).

No mesmo sentido, a situação em que o defensor fez constar, em petição, a afirmação de que o magistrado "alterou sentença já existente nos autos", "verdadeiro absurdo", "se não fosse trágico seria no mínimo cômico", destacou o STJ que, a despeito da forte retórica utilizada, "dela não se extrai nenhuma intenção dolosa de macular a honra objetiva ou subjetiva do querelante, sendo as críticas restritas à decisão impugnada e à sua atuação no processo (...) a peça processual se encontra nos limites da atuação defensiva, sendo os ataques dirigidos à decisão e à atuação processual do querelante, enquanto Juiz de Direito" (STJ – HC 213.583, Rel. Min. Sebastião Reis Júnior, j. 26/06/2012).

Interessante, também, é a discussão jurisprudencial a respeito da incidência da inviolabilidade pessoal ao advogado parecerista. Foi o caso, por exemplo, de procuradora municipal que emitiu parecer jurídico opinativo pela dispensa de licitação para a contratação de determinado serviço, sendo posteriormente apurada a ocorrência de irregularidades no procedimento licitatório. Assentou o STJ que "a mera emissão de parecer opinativo se encontra sob a inviolabilidade dos atos e manifestações da atividade da advocacia", destacando a inexistência de outros elementos que vinculassem à profissional a eventual conluio prévio com o objetivo de fraudar a licitação (STJ – HC 464.498, Rel. Min. Sebastião Reis Júnior, j. 14/05/2019). No mesmo sentido: "(...) evidenciada a atipicidade da conduta da Paciente (...) denunciada apenas pela simples emissão de pareceres jurídicos, sendo que essa atuação circunscreve-se à imunidade inerente ao exercício da profissão de advogado, a teor do disposto no art. 133 da Constituição Federal" (STJ – HC 461.468, Rel. Min. Laurita Vaz, j. 09/10/2018).

Algumas limitações às inviolabilidades são afirmadas quando se considera inexistente a *correlação entre o excesso cometido pelo advogado e a discussão da causa*, ou quando a manifestação se traduza em agressão (física ou moral), insulto ou humilhação pública. Alguns exemplos:

(i) advogada que desmereceu a capacidade funcional de magistrada ao comentar, em balcão cartorário, que ela "somente havia ingressado na Magistratura por intermédio de armação de seu irmão", manifestação que foi considerada desconexa à discussão da causa, não protegida pela inviolabilidade pessoal do advogado (STF – HC 104.385, Redator do acórdão Min. Ricardo Lewandowski, j. 28/06/2011);

(ii) a atitude de advogado que dirigiu uma carta ao cliente com conteúdo ofensivo, objetivando a cobrança de honorários, foi qualificada como pertencente à sua esfera pessoal, não abrangida, portanto, pela inviolabilidade (STF – RE 387.945, Rel. Min. Sepúlveda Pertence, j. 14/02/2006);

(iii) patrono que, em entrevista televisiva, atribuiu aos desembargadores do tribunal local a prática de atos de corrupção no exercício da magistratura, caso em que decidiu-se: "não é absoluta a inviolabilidade do advogado, por seus atos e manifestações, o que não infirma a abrangência que a Carta de Outubro conferiu ao instituto, de cujo manto protetor somente se excluem atos, gestos ou palavras que manifestamente desbordem do exercício da profissão, como a agressão (física ou moral), o insulto pessoal e a humilhação pública" (STF – AO 933, Rel. Min. Carlos Ayres Britto, j. 25/09/2003).

A prática jurídica contabilizou situação de audiência – viralizada na internet – na qual o advogado se dirigiu com extrema contundência à vítima. A inquirição da vítima é medida que pode ter extrema relevância ao contexto probatório. A contundência poderá fazer parte desse cenário, notadamente quando haja razões suficientes para se desconfiar dessa qualificação à pessoa que se apresenta processualmente como tal. De qualquer modo, trata-se de intervenção defensiva que, a pretexto de desqualificar a vítima como tal, jamais pode desqualificá-la como pessoa, à raiz do princípio da dignidade humana. Devem ficar no passado concepções que aplaudiam o discurso agressivo, mal-educado.[176] Contundência é uma coisa; agressividade, outra.[177]

4.3.2.2. Inviolabilidade do escritório, dos meios de trabalho e das comunicações

A Lei 8.906/94 preceitua a inviolabilidade do escritório, dos instrumentos e produtos do trabalho e das

---

[176] Percuciente, a respeito, a lição de Antônio Pitombo: "nas audiências, o advogado jamais se apresenta arrogante. Melhor falar com jeito cortês mesmo quando questiona a testemunha mentirosa, discorda do promotor público arbitrário, ou interroga o acusado no exercício da assistência da acusação. O sistema adversarial, adotado pela legislação processual penal consoante a tradição norte-americana, exige advogado bem preparado, não prepotente". PITOMBO, Antônio Sérgio A. *Quo Vadis*. Migalhas, 2020. Disponível em: <https://migalhas.uol.com.br/depeso/336059/quo-vadis, 6-nov-2020>.

[177] No âmbito internacional destaca-se o julgamento, pelo TEDH, do caso *Y v. Eslovênia*, no qual o país restou condenado por violar o artigo 8º da Convenção, relativo ao *direito ao respeito pela vida privada e familiar*. No caso concreto, a Corte decidiu que, embora a defesa técnica constituída pelo réu "tivesse uma certa margem de manobra para desafiar a credibilidade de Y". Figurava como vítima em processo criminal relativo a crime sexual – "algumas das perguntas formuladas pelo réu (...) tinham o objetivo não apenas de desafiar a sua credibilidade, mas também produzir ofensas que ultrapassavam os limites do que se poderia tolerar para o propósito de uma defesa eficaz". Assim, pontuou que a tomada de depoimento da vítima "não deve ser usada como meio de intimidar ou humilhar testemunhas". TEDH – Caso Y. v. Slovenia, j. 28/05/2005.

comunicações relativas ao exercício da advocacia, bem como estabelece a situação excepcional de sua quebra, sempre relacionada à prática de crime por parte de advogado, resguardado o sigilo relativo aos documentos dos clientes.

> Art. 7º São direitos do advogado: (...)
>
> II – a inviolabilidade de seu escritório ou local de trabalho, bem como de seus instrumentos de trabalho, de sua correspondência escrita, eletrônica, telefônica e telemática, desde que relativas ao exercício da advocacia; (...)
>
> § 6º Presentes indícios de autoria e materialidade da prática de crime por parte de advogado, a autoridade judiciária competente poderá decretar a quebra da inviolabilidade de que trata o inciso II do *caput* deste artigo, em decisão motivada, expedindo mandado de busca e apreensão, específico e pormenorizado, a ser cumprido na presença de representante da OAB, sendo, em qualquer hipótese, vedada a utilização dos documentos, das mídias e dos objetos pertencentes a clientes do advogado averiguado, bem como dos demais instrumentos de trabalho que contenham informações sobre clientes.
>
> § 7º A ressalva constante do § 6º deste artigo não se estende a clientes do advogado averiguado que estejam sendo formalmente investigados como seus partícipes ou co-autores pela prática do mesmo crime que deu causa à quebra da inviolabilidade.

O Código de Processo Penal dispõe que não será permitida a apreensão de documento em poder do defensor do acusado, salvo quando constituir elemento do corpo de delito.

> Art. 243. (...) § 2º Não será permitida a apreensão de documento em poder do defensor do acusado, salvo quando constituir elemento do corpo de delito.

A Lei de Abuso de Autoridade (Lei 13.869/2019), ao seu turno, realizou importante inserção no Estatuto da Advocacia, passando a criminalizar a indevida quebra da inviolabilidade dos locais e meios de trabalho do advogado.[178]

Art. 7º-B Constitui crime violar direito ou prerrogativa de advogado previstos nos incisos II, III, IV e V do *caput* do art. 7º desta Lei
Pena – detenção, de 3 (três) meses a 1 (um) ano, e multa.

No plano da autorregulação institucional, destaca-se a Recomendação 35/2016, do CNMP, que reproduz os termos da lei,[179] e a Portaria 1.288/2008, do Ministério da Justiça, que estabelece instruções gerais sobre a execução dos mandados judiciais de busca e apreensão em escritório de advocacia.

No âmbito da própria OAB, os Provimentos 127/2008 e 201/2020 regulamentam, entre outros aspectos, a participação do representante institucional durante a execução de mandados da busca e apreensão em escritórios de advocacia.[180]

---

[178] Segundo o Provimento 201/2020, da OAB, o crime previsto no artigo 7º-B da Lei 8.906/94, "abrange as hipóteses de expedição de mandado genérico, bem como a apreensão indiscriminada de instrumentos de trabalho do advogado ou da advogada, compreendendo todo e qualquer bem móvel ou intelectual utilizado no exercício da profissão, especialmente no tocante aos seus computadores, telefones, tokens, pendrives, arquivos impressos ou digitais, bancos de dados, livros e anotações de qualquer espécie." (art. 11, parágrafo único).

[179] O CNMP (...) "resolve: recomendar aos membros do Ministério Público que, respeitada a independência funcional, nos requerimentos de busca e apreensão em escritórios de advocacia ou local de trabalho do advogado, demonstrem os indícios de autoria e materialidade da prática de crime por parte do advogado, bem como especifique e pormenorize o objeto da busca e apreensão, de modo a preservar a inviolabilidade dos documentos, das mídias e objetos pertencentes ou que tenham informações sobre clientes, salvo quando estes estejam sendo investigados pela prática do mesmo delito que motivou a diligência".

[180] Provimento 127/2008 – Art. 3º O representante da OAB deverá adotar as seguintes providências, dentre outras que acautelem as prerrogativas dos advogados: (...) IV – diligenciar para que não sejam alvos de busca e apreensão documentos, arquivos, mídias e objetos pertencentes a clientes do advogado averiguado, bem como os demais instrumentos de trabalho que contenham informações sobre clientes, excetuando a hipótese de indiciamento formal de seu cliente como co-autor do mesmo fato criminoso objeto da investigação.
Provimento 201/2020 – Art. 10º O representante da OAB, no ato de acompanhamento de busca e apreensão, ao identificar ilegalidade no mandado ou no cumprimento da ordem, adotará as medidas necessárias para suspender o ato,

A amplitude do aparato normativo protetivo à inviolabilidade do escritório, dos meios de trabalho e das comunicações se justifica pela relevância dos interesses protegidos pela prerrogativa. Para além da privacidade do profissional, resguarda-se, sobretudo, a garantia da ampla defesa.

O STF, em controle abstrato, decidiu ser a *inviolabilidade do escritório* um consectário da "inviolabilidade assegurada ao advogado no exercício profissional".[181] Decerto, e conforme a reflexão de Toron:

> Se o cidadão não tiver a segurança de uma efetiva proteção em relação ao profissional que o defenderá, não terá condições de relatar todos os detalhes da acusação que o envolve (...) estamos aqui no campo da proteção, ainda que de forma mediata, dos direitos fundamentais e, portanto, o que à primeira vista pode parecer interesse privado do cliente e seu advogado, está de fato entrelaçado com o interesse público.[182]

Da jurisprudência, colhem-se importantes julgados acerca da matéria. Reproduzindo lição doutrinária,[183] o STF assentou que a inviolabilidade ora tratada se estende a todos os meios de atuação do profissional, inclusive aos "dados e arquivos de computador mantidos em seu local de trabalho ou que transporte consigo". Ainda, que "local de trabalho" deve ser entendido como todo aquele "em que o advogado costume utilizar para desenvolver seus trabalhos profissionais, incluindo a residência, quando for o caso" (STF, MS 23.452, Rel. Min. Celso de Mello, j. 16/09/1999).

Ao tratar da fundamentação dos mandados de busca direcionados a escritórios de advocacia, o STF anulou

---

em defesa das prerrogativas profissionais, procedendo a comunicação ao Conselho Seccional.

[181] STF – ADI 1.127, Redator para o acórdão Min. Ricardo Lewandowski, j. 17/05/2006.

[182] TORON, Alberto Zacharias. *OAB deve vigiar atos de violação do sigilo*. Consultor Jurídico, 22/03/2010.

[183] LÔBO, Paulo. *Comentários ao Estatuto da Advocacia*. Brasília Jurídica, 1996, p. 56.

decisão genérica, ressaltando que "é indispensável a especificação do âmbito de abrangência da medida, que não poderá ser executada sobre a esfera de direitos de não investigados (...) a busca e apreensão em escritório de advocacia reclama uma especificidade muito maior, que não foi obedecida" (STF – HC 91.610, Rel. Min. Gilmar Mendes, j. 08/06/2010).

Recentemente, o STF determinou a suspensão do cumprimento de medidas investigativas em escritórios de advocacia em razão da "amplitude dos mandados de busca e apreensão, ausência de delimitação específica dos marcos temporais ou de objetos precisos que fossem pertinentes e vinculados ao processo" (STF – Rcl 43479 MC, Rel. Min. Gilmar Mendes, j. 03/10/2020).

De modo semelhante, o TRF-5 afastou busca e apreensão que visava ao gabinete de advogado e deixou de especificar a abrangência da medida dentro daquele recinto. Segundo o relator, a diligência representou uma verdadeira incursão sobre todo o acervo profissional do advogado, geradora de "uma situação de insegurança para os clientes do escritório do réu, com probabilidade de efetivo dano ao exercício profissional do paciente" (TRF-5 – HC 0806179-71.2019.4.05.0000, Rel. Des. Federal Manoel de Oliveira Erhardt, j. 30/07/2019).

Ainda, o TRF-1 reconheceu a ilicitude da arrecadação de prova não abrangida pelo mandado de busca e apreensão direcionado a escritório de advocacia. Assentou o relator:

> (...) ainda que se entenda possível coleta de prova fortuita em escritório de advogado (...), a prova fortuita, no caso, tem que guardar respeito aos limites objetivos (apenas quando se referir ao próprio fato investigado) e também quando referido ao cliente do advogado que já esteja sendo formalmente investigado e, mesmo assim, pelo mesmo crime que serviu de motivo para a busca e apreensão (TRF-1, HC 1009857-24.2019.4.01.0000, j. 21/10/2019).

Em outro interessante julgado, o STF analisou a controvérsia em torno da inviolabilidade dos meios de trabalho e das comunicações de advogado ocupante do cargo de "diretor jurídico" de empresa. A Ministra Cármen Lúcia concedeu medida liminar para impedir o acesso ao telefone do profissional, ponderando que a sua atuação como diretor jurídico também poderia estar acobertada pela inviolabilidade, na medida em que "não há como se distinguir, ao se dar acesso a celular de advogado, entre dados nele constantes acobertados pelo sigilo profissional, pessoais ou de outra natureza ou feição" (STF – HC 171.508 MC, Rela. Min. Cármen Lúcia, j. 22/05/2019).

No tocante à inviolabilidade das comunicações, a jurisprudência atual admite a captação de diálogos do advogado nos casos em que, sendo o cliente originariamente interceptado, venha o profissional a, "fortuitamente", figurar nas captações, naquilo que se circunscreve à prática de crimes no exercício da advocacia. Nos termos de julgado do STJ:

> (...) não há falar em violação do art. 7º, I e II, da Lei n. 8.906/1994, visto que a interceptação telefônica, nos termos em que foi reconhecida no acórdão impugnado, atingiu o recorrente e os demais advogados apenas fortuitamente, não tendo sido feitas deliberadamente com o intuito de vigiar suas atividades profissionais (...). A garantia do sigilo das comunicações entre advogado e cliente não confere imunidade para a prática de crimes no exercício da advocacia, sendo lícita a colheita de provas em interceptação telefônica devidamente autorizada e motivada pela autoridade judicial (STJ – REsp 1.465.966, Rel. Min. Sebastião Reis Júnior, j. 10/10/2017).

No mesmo sentido, julgado do STF:

> (...) a alegação de afronta ao sigilo profissional, tendo em vista que o paciente é advogado e teriam sido interceptadas ligações travadas com seus clientes, também não merece acolhida, já que os delitos que lhe foram imputados teriam sido cometidos justamente no exercício da advocacia (STF – HC 96.909, Rela. Min. Ellen Gracie, j. 17/11/2009).

4.3.3. Direito de acesso amplo à investigação ou ação penal

4.3.3.1. Marco normativo

O exame dos autos da investigação ou da ação penal é medida elementar de defesa que se situa na esfera dos direitos do advogado. O Estatuto da Advocacia disciplinou a matéria de modo bastante abrangente, nos seguintes termos:

Art. 7º São direitos do advogado: (...)

XIII – examinar, em qualquer órgão dos Poderes Judiciário e Legislativo, ou da Administração Pública em geral, autos de processos findos ou em andamento, mesmo sem procuração, quando não estiverem sujeitos a sigilo ou segredo de justiça, assegurada a obtenção de cópias, com possibilidade de tomar apontamentos;

XIV – examinar, em qualquer instituição responsável por conduzir investigação, mesmo sem procuração, autos de flagrante e de investigações de qualquer natureza, findos ou em andamento, ainda que conclusos à autoridade, podendo copiar peças e tomar apontamentos, em meio físico ou digital;

(...)

§ 11. No caso previsto no inciso XIV, a autoridade competente poderá delimitar o acesso do advogado aos elementos de prova relacionados a diligências em andamento e ainda não documentados nos autos, quando houver risco de comprometimento da eficiência, da eficácia ou da finalidade das diligências. (...)

§ 13. O disposto nos incisos XIII e XIV do caput deste artigo aplica-se integralmente a processos e a procedimentos eletrônicos, ressalvado o disposto nos §§ 10 e 11 deste artigo.

Diante de controvérsias acerca da extensão do acesso aos autos em investigações criminais, o STF, a partir de proposição do Conselho Federal da OAB, editou a Súmula Vinculante 14, normatizando, como direito do *defensor* (advogado com representação nos autos ou defensor público), no interesse do *representado*, o acesso *amplo* aos elementos de prova:

> Súmula Vinculante 14: É direito do defensor, no interesse do representado, ter acesso amplo aos elementos de prova que, já documentados em procedimento investigatório realizado por órgão com competência de polícia judiciária, digam respeito ao exercício do direito de defesa.

A reforma produzida no CPP pela Lei 13.964/19, ao instituir a figura do *juiz de garantias*,[184] elencou como uma de suas competências a seguinte:

> Art. 3º-B (...)
>
> XV – assegurar prontamente, quando se fizer necessário, o direito outorgado ao investigado e ao seu defensor de acesso a todos os elementos informativos e provas produzidos no âmbito da investigação criminal, salvo no que concerne, estritamente, às diligências em andamento;

A Resolução 058/2009, do Conselho da Justiça Federal, que estabelece diretrizes para membros do Poder Judiciário e integrantes da Polícia Federal no que concerne ao tratamento de processos e procedimentos de investigação criminal sob publicidade restrita, no âmbito da Justiça Federal, dispõe:

> Art. 3º (...)
>
> § 4º É garantido ao investigado, ao réu e a seus defensores acesso a todo material probatório já produzido na investigação criminal, salvo no que concerne, estritamente, às diligências em andamento, sob pena de sua frustração, situação em que a consulta de que trata o parágrafo anterior poderá ser indeferida pela autoridade judiciária competente, voltando a ser franqueada assim que concluídas as diligências determinada.

---

[184] O dispositivo que instituiu a figura do *juiz de garantias* se encontra com a eficácia suspensa por decisão liminar proferida na ADI 6.298 (Rel. Min. Luiz Fux), em 22/01/2020.

A imposição de restrições ilegítimas ao direito de acesso aos autos pela defesa passou a receber contornos jurídico-penais. O Estatuto da Advocacia (Lei 8.906/94), em dispositivo incluído pela Lei 13.245/2016, estabeleceu que o "fornecimento incompleto" dos autos ou a "retirada de peças já incluídas" implicará responsabilização *criminal* e funcional, por abuso de autoridade, do agente público responsável:

> Art. 7º (...)
>
> § 12. A inobservância aos direitos estabelecidos no inciso XIV, o fornecimento incompleto de autos ou o fornecimento de autos em que houve a retirada de peças já incluídas no caderno investigativo implicará responsabilização criminal e funcional por abuso de autoridade do responsável que impedir o acesso do advogado com o intuito de prejudicar o exercício da defesa, sem prejuízo do direito subjetivo do advogado de requerer acesso aos autos ao juiz competente.

A Lei de Abuso de Autoridade (Lei 13.869/2019) tipificou a negativa de acesso aos autos de procedimentos investigatórios:

> Art. 32. Negar ao interessado, seu defensor ou advogado acesso aos autos de investigação preliminar, ao termo circunstanciado, ao inquérito ou a qualquer outro procedimento investigatório de infração penal, civil ou administrativa, assim como impedir a obtenção de cópias, ressalvado o acesso a peças relativas a diligências em curso, ou que indiquem a realização de diligências futuras, cujo sigilo seja imprescindível:
>
> Pena – detenção, de 6 (seis) meses a 2 (dois) anos, e multa.

A despeito da redação – e do propósito – tanto da legislação de regência quanto da Súmula Vinculante 14, ainda se percebe, com não rara frequência, resistência de autoridades em conceder à defesa acesso amplo aos elementos abrangidos pela investigação. Advogados relatam embaraços burocráticos, dificuldades cartorárias e mesmo limitações judicialmente impostas ao pleno exercício da profissão. De fato, sobretudo em investigações de maior envergadura, é comum o recolhimento de grande volume de material, em meio físico e/ou digital, seja por força de medidas de busca e apreensão, seja em decorrência de outras medidas correlatas, como quebra de sigilos e interceptação de dados e comunicações telefônicas. Em regra, esse material compõe anexos que nem sempre acabam por ser vinculados ou eletronicamente encadeados ao procedimento principal, de modo a dificultar (quando não impossibilitar) o acesso dos autos pela defesa. Esse acervo documental deve, em sua totalidade, ser aberto à defesa, em ordem a possibilitar a fiscalização sobre a legalidade da investigação e, mesmo, a competência jurisdicional para dela conhecer.[185]

Essa resistência, que impede, total ou parcialmente, ou retarda o acesso aos autos pela defesa, vem escudada em escusas diversas apontadas pela autoridade (em regra, a autoridade policial): (i) ora na concepção que a autoridade manifesta acerca da expressão "diligências em andamento" constante do art. 7º, § 11, do Estatuto da Advocacia, (ii) ora na condição do indivíduo, que alegadamente não teria direito de acesso por não ser "formalmente" investigado, o que analisamos a seguir.

4.3.3.2. Diligência em andamento x análise em andamento de diligência exaurida

O Estatuto da Advocacia dispõe que a autoridade competente poderá restringir acesso do advogado "aos elementos de prova relacionados a *diligências em andamento*, ainda não documentados nos autos, quando houver risco de comprometimento da eficiência, da eficácia ou da finalidade das diligências" (art. 7º, § 11). Esse também é o perímetro de restrição fixado pelo art. 3º-B, XV, do CPP.[186]

---

[185] MALAN, Diogo. Megaprocessos Criminais e Direito de Defesa. *Revista Brasileira de Ciências Criminais*, vol. 159, p. 45-67, set/2019.

[186] Dispositivo com eficácia suspensa por decisão liminar (ADI 6.298 – Rel. Min. Luiz Fux).

Aqui é importante destacar: não devemos confundir "diligência em andamento" com "análise em andamento sobre diligência exaurida". Ou seja, se a busca e apreensão já foi concluída, o material objeto da diligência deve ser imediatamente incorporado aos autos, e sua análise policial (relatório, etc.) tão logo concluída. Compreensão diversa atribuiria à autoridade policial o domínio exclusivo sobre o prazo de análise documental, bem como sobre seu encarte aos autos, passando ela própria, soberanamente, a deliberar sobre a efetivação de uma garantia constitucional (art. 5º, LIV e LV, da CF). Em outras palavras, teria a autoridade policial o anômalo poder de determinar *se, quando* e *em quais circunstâncias* a defesa teria o direito de acessar elementos probatórios já integrados – ou que já deveriam estar integrados – aos autos.

A propósito, por ocasião dos debates que deram origem à redação da Súmula Vinculante 14, o Ministro Celso de Mello pontuou que a legitimidade da restrição de acesso se justificaria "para que não se comprometa o sucesso das providências investigatórias *em curso de execução*" (STF – PSV 1, Rel. Min. Menezes Direito, j. 02/02/2009).

Igualmente relevantes são as considerações formuladas em julgamento que deu origem à edição do verbete; analisando situação de indivíduo que tomou ciência da sua condição de investigado por meio de matéria jornalística, tendo sido negado o direito de acesso aos autos sob o pretexto de que os elementos até então apurados estariam sendo *analisados* pelos órgãos de persecução, assentou o STF:

> Não pode sujeitar o exercício do direito de defesa, como parece sustentar a Procuradoria nas informações, a eventual e posterior análise, pelo Ministério Público, dos documentos enviados pelo Banco Central, sob risco de esvaziamento da garantia constitucional de que se trata (...) Diante da remessa, ao Ministério Público, de documentos que revelam, em tese, eventual prática de delito, com autuação e registro do feito, não é lícito impedir à defesa do paciente de ter acesso aos autos, pelo menos

quanto às peças que lhe digam respeito, sob pretexto de o expediente – diga-se, registrado em 2004, ao que parece – não ter sido, até agora, analisado pelo Ministério Público Federal, quando dele a imprensa já lhe teve conhecimento e noticiou que o paciente é alvo da mesma investigação!.. Afinal, nada obsta a que o paciente possa, desde logo, afastar a suspeita que lhe pesa, concorrendo para o escopo último das investigações e evitando investigação formal (...) (STF – HC 88.190, Rel. Min. Cezar Peluso, j. 29/08/2006).

Aliás, a documentação obtida no âmbito da investigação deve ser imediatamente encartada aos autos, havendo apenas uma justificativa para que isso não tenha ainda ocorrido: o fato de a diligência investigatória estar em curso. Precisamente sobre esse ponto, assim decidiu o STF:

O sistema normativo brasileiro assegura ao Advogado regularmente constituído pelo indiciado (ou por aquele submetido a atos de persecução estatal) o direito de pleno acesso aos autos de persecução penal, mesmo que sujeita, em juízo ou fora dele, a regime de sigilo (necessariamente excepcional), limitando-se, no entanto, tal prerrogativa jurídica, às provas já produzidas e formalmente incorporadas ao procedimento investigatório, excluídas, consequentemente, as informações e providências investigatórias ainda em curso de execução e, por isso mesmo, não documentadas no próprio inquérito ou processo judicial. (STF – HC 93.767, Rel. Min. Celso de Mello, j. 21/09/2010).

Mais recentemente, o STF viria a reafirmar essa orientação, nos seguintes termos:

(...) *não é qualquer diligência em curso* que tem o potencial de impedir a defesa de conhecê-la. O acesso só pode ser negado se ficar demonstrado que, tomando conhecimento dela, o requerente possa vir a frustrar o seu resultado útil (STF – Rcl 43.007, Rel. Min. Ricardo Lewandowski, j. 16/11/2020).

4.3.3.3. Acesso independentemente da condição formal de investigado

Como explorado em tópico anterior, há casos em que o indeferimento da solicitação de acesso aos autos da investigação é motivado na circunstância de o indivíduo alegadamente não figurar formalmente como investigado. Trata-se de escusa ilegítima, na medida em que a condição de investigado, além de caráter subjetivo – e não sujeita, portanto, à imediata fiscalização ou impugnação pelo interessado –, pode ser alterada a qualquer tempo, haja vista tratar-se de situação que não corresponde a um conceito jurídico determinado – diferentemente do que sucede com a figura do *indiciado*.

No ponto, destaca-se julgado do TRF4 que reverteu decisão que negava acesso aos autos sob o pretexto de que o indivíduo não figuraria como parte investigada. A defesa do sujeito intimado reclamava prévio acesso aos autos, inclusive para que pudesse compreender a real condição em que prestaria depoimento, e, em se confirmando a condição de potencial investigado, instruir seu cliente na prestação do depoimento. Assentou o relator que, à luz das circunstâncias do caso, confirmadas pelo acesso deferido, era *crível* ao cliente imaginar estar sendo investigado, pontuando ter *agido certo* ao constituir advogados para representá-lo perante a autoridade policial.[187]

Em semelhante sentido, superando raciocínio restritivo, o STJ assegurou o acesso aos autos de procedimento investigatório a indivíduo que figurava como *vítima* das ações delituosas sob investigação, ao argumento de que era do seu interesse o conhecimento de eventuais empecilhos à conclusão dos trabalhos investigativos, bem como para possibilitar a colaboração do sujeito com as investigações (STJ – RMS 55.790, Rel. Min. Jorge Mussi, j. 06/12/2018).

---

[187] TRF-4 Embargos de Declaração em AC 5033367-54.2019.4.04.7100/RS, Rel. Des. Federal Leandro Paulsen (Impetrante Eduardo Sanz e outros), j. 08/07/2020.

Como referido no tópico anterior, a Lei de Abuso de Autoridade (Lei 13.869/2019) definiu como crime a conduta de negar acesso aos autos de investigação preliminar *ao interessado*, seu defensor ou advogado:

> Art. 32. Negar ao interessado, seu defensor ou advogado acesso aos autos de investigação preliminar, ao termo circunstanciado, ao inquérito ou a qualquer outro procedimento investigatório de infração penal, civil ou administrativa, assim como impedir a obtenção de cópias, ressalvado o acesso a peças relativas a diligências em curso, ou que indiquem a realização de diligências futuras, cujo sigilo seja imprescindível:
> Pena – detenção, de 6 (seis) meses a 2 (dois) anos, e multa.

O tipo penal é abrangente, na medida em que estende, sob pena de responsabilidade penal da autoridade, o dever de conferir acesso aos autos ao "interessado", uma terminologia mais ampla que a utilizada até então no ambiente legislativo e na própria Súmula Vinculante 14 (investigado ou representado) e igualmente problemática, porquanto destituída de definição conceitual no âmbito extrapenal. Se, para efeitos jurídico-penais, o dispositivo reclamará interpretação restritiva, para efeitos de verificação do direito de acesso aos autos deve-se compreendê-lo no contexto da interpretação que garante o acesso à pessoa – física ou jurídica – que revele interesse *jurídico* na medida.

4.3.3.4. Acesso prévio e amplo

Dois pontos devem ser ressaltados:

Em primeiro lugar, o acesso deve ser oportunizado *previamente* à oitiva do assistido; a ciência prévia do conteúdo dos autos de processo judicial ou de procedimento investigatório é *condição* para o exercício da defesa. O Min. Celso de Mello, reproduzindo lição doutrinária de Toron e Szafir,[188] assentou que somente mediante acesso aos

---

[188] TORON, Alberto Zacharias. SZAFIR, Alexandra. *Prerrogativas Profissionais do Advogado*. OAB Editora, 2006, p. 86.

autos poderá haver assistência defensiva efetiva: "Advogados cegos, *blind lawyers*", poderão, quem sabe, confortar afetivamente seus assistidos, mas, juridicamente, prestar-se-ão, unicamente, a legitimar tudo o que no inquérito se fizer contra o indiciado" (STF – HC 93.767, Rel. Min. Celso de Mello, j. 12/02/2008).

Essa lição foi recentemente reafirmada pelo STF, em sede de controle abstrato: "o direito à ampla defesa não pode ficar restrito, essencialmente, ao direito à assistência de advogado (art. 5º, LXIII, CF), devendo-se oportunizar ao defensor, antes de ouvir o investigado, ter ciência da imputação e das provas já produzidas contra seu cliente. Essa é a interpretação que deve ser conferida à súmula vinculante 14 do STF" (STF – ADPF 444, Rel. Min. Gilmar Mendes, j. 14/06/2018).

Em segundo, a teor da Súmula Vinculante 14, no que respeita à extensão, o acesso deve ser *amplo* ("*É direito do defensor, no interesse do representado, ter acesso amplo aos elementos de prova*"), não havendo margem interpretativa que permita substituir o adjetivo *amplo* por *restrito*; ou integral por parcial.

É importante destacar: o universo de informações a serem disponibilizadas à defesa no âmbito da investigação ou mesmo do processo penal não está limitado ao conjunto de informações que a acusação (ou a Polícia), após prévia seleção, disponibilizam ao juízo e à defesa. Para que a defesa se realize amplamente, o acesso deve cobrir a integralidade do material sujeito à análise dos órgãos de persecução, ainda que – e, quase se poderia dizer, *sobretudo se* – não tenha a eles interessado.[189]

---

[189] É precisa a lição de Geraldo Prado: "há significativa diferença de ordem conceitual e prática entre aquilo que a acusação pode empregar no processo, que delimita os temas e condiciona a decisão, por meio da imputação, por um lado, e, por outro, a totalidade dos elementos informativos recolhidos na investigação criminal e até no processo penal, pelas agências públicas de repressão. Estes elementos são aptos a indicar à defesa a correção ou incorreção da trajetória da própria persecução penal, de modo a preparar-se para resistir à pretensão acusatória sob as mais variadas formas". PRADO, Geraldo. *Prova Penal e Sistemas de*

Essa questão assume especial relevância em investigações de grande envergadura, nas quais há o recolhimento de grande volume de material, em meio físico e/ou digital, seja por força de medidas de busca e apreensão, seja em decorrência de outras medidas correlatas, como quebra de sigilos e interceptação de dados e comunicações telefônicas. Em regra, esse material compõe anexos ao caderno principal da investigação, que nem sempre acabam por ser vinculados à investigação principal. Esse acervo documental deve ser necessariamente aberto à defesa, em ordem a possibilitar a fiscalização sobre a legalidade da investigação e, mesmo, a competência jurisdicional para dela conhecer.

Destacamos, a propósito, relevante julgado do STF que demarca claras posições relacionadas ao direito de acesso à *integralidade* dos expedientes investigatórios, sob a perspectiva de vedação à *seleção*, por parte da autoridade que investiga/acusa, dos documentos disponibilizados à defesa:

> (...) O procedimento investigatório instaurado pelo Ministério Público deverá conter todas as peças, termos de declarações ou depoimentos, laudos periciais e demais subsídios probatórios coligidos no curso da investigação, *não podendo o Parquet sonegar, selecionar ou deixar de juntar, aos autos, quaisquer desses elementos de informação*, cujo conteúdo, por referir-se ao objeto da apuração penal, *deve ser tornado acessível tanto à pessoa sob investigação quanto ao seu Advogado*. (...) STF – HC 89.837, Rel. Min. Celso de Mello, j. 20/10/2009).

> (...) Tendo em vista a expressão "acesso amplo", deve-se facultar à defesa o conhecimento da integralidade dos elementos resultantes de diligências, documentados no procedimento investigatório, permitindo, inclusive, a obtenção de cópia das peças produzidas. O sigilo refere-se tão somente às diligências, evitando a frustração das providências impostas. Em síntese, o acesso ocorre

---

Controle Epistêmicos – A quebra da cadeia de custódia das provas obtidas por métodos ocultos. São Paulo: Marcial Pons, 2014, p. 41-42.

consideradas as peças constantes dos autos, independentemente de prévia indicação do Ministério Público (STF – Rcl 31.213 MC, Decisão Monocrática, Rel. Min. Marco Aurelio, j. 20/08/2018).

Recentemente, o STJ replicou o entendimento acima:

Se é verdade que o Ministério Público, no exercício do ônus acusatório, tem a liberdade de, ao oferecer a denúncia, escolher livremente os elementos de informação que entender pertinentes à demonstração da justa causa, também é verdade que a Defesa, por paridade de armas, deve ter acesso, caso manifeste interesse, durante a instrução criminal, à integralidade do mesmo acervo informativo para exercer seu inarredável direito ao contraditório e à ampla defesa. (...)

A experiência internacional é ilustrativa da importância da revelação integral dos elementos apurados em procedimentos investigatórios. Nos Estados Unidos, as *Brady Rules* – em referência ao *leading case Brady v. Maryland*[190] – estabelecem que a acusação possui um *dever* de revelação (*duty to disclose*) de todos os elementos obtidos, inclusive aqueles que venham a beneficiar a defesa.[191] Recentemente, o Min. Gilmar Mendes apontou expressamente o paradigma *Brady* ao discorrer sobre os papéis institucionais do Ministério Público (STF – ADPF 758, Rel. Min. Gilmar Mendes, j. 03/12/2020).

No plano europeu, a Recomendação "Rec(2000)19", emitida pelo Conselho de Ministros do Conselho da Europa (COE), dispõe ser dever dos membros do Ministério Público "revelar todas as informações de que dispõe

---

[190] *Brady v. Maryland*, 373 U.S. 83, 95 (1963): "the suppression by the prosecution of evidence favorable to an accused upon request violates due process where the evidence is material either to guilt or punishment, irrespective of the good faith or bad faith of the prosecution.".

[191] Na definição do Legal Information Institute (Cornell Law School), as "Regras Brady" exigem que os promotores divulguem à defesa toda a prova "materialmente exculpatória" (*materially exculpatory evidence*), assim compreendida "qualquer evidência favorável ao acusado – no sentido de negar a culpa, reduzir a pena ou afetar a credibilidade de uma testemunha". Disponível em: <https://www.law.cornell.edu/wex/brady_rule> Acesso em 15/12/2020.

e que possam afetar o julgamento".[192] Em igual sentido, o Escritório das Nações Unidas sobre Drogas e Crime (UNODOC) dispôs que "os membros do Ministério Público devem (...) revelar ao acusado qualquer informação relevante, *prejudicial* ou *benéfica*, assim que razoavelmente possível, de acordo com a lei ou com as exigências de um julgamento justo".[193]

O art. 7º, XIV, da Lei 8.906/94 (Estatuto da Advocacia) sofreu duas modificações em relação à redação original:

(i) estabeleceu a prerrogativa de extração de cópias *em meio físico ou digital*, possibilitando que o advogado utilize aparelhos eletrônicos, inclusive o celular, para fotografar peças do procedimento investigatório, ou forneça mídias portáteis para a gravação de arquivos em formato digital;

(ii) explicitou a possibilidade de o advogado examinar os autos de investigação *em qualquer instituição responsável por realizar diligências investigatórias*, assim entendido como qualquer ente da administração, e não apenas em repartição policial, como estabelecia a redação anterior.

O *exame* dos autos – assim compreendido como a consulta do expediente em balcão cartorário, sem a retirada em carga – deverá ser oportunizado ao advogado *mesmo sem procuração*, exigida sua apresentação somente quando

---

[192] Conselho de Ministros do Conselho da Europa (COE) – Recommendation Rec(2000)19 – The role of public prosecution in the criminal justice system. No original: "Public prosecutors should seek to safeguard the principle of equality of arms, in particular by disclosing to the other parties – save where otherwise provided in the law – any information which they possess which may affect the justice of the proceedings". <https://www.refworld.org/docid/43f5c8694.html>. Acesso em 15/12/2020.

[193] ONU – Escritório das Nações Unidas sobre Drogas e Crime (UNODOC). A condição e o papel dos membros do Ministério Público: um manual do Escritório das Nações Unidas sobre Drogas e Crime e da Associação Internacional de Procuradores. Brasília: MPF, 2017. Para aprofundamento do tema: ARAS, Vladimir. *O papel do Ministério Público e o processo penal: o precedente Brady v. Maryland e a normativa do Conselho da Europa*. Disponível em: <https://vladimiraras.blog/2019/10/02/>. Acesso em 15/12/2020.

os autos estiverem sujeitos a sigilo (art. 7°, § 10, do Estatuto da Advocacia).

4.3.4. Direito de livre ingresso em repartição judicial ou de outro serviço público

A Lei 8.906/94 (Estatuto da Advocacia) estabelece o direito do advogado de *ingressar livremente* em órgãos judiciários, ou de qualquer outro serviço público em que deva praticar ato relativo ao exercício da atividade profissional.

Art. 7º (...) VI – ingressar livremente:

a) nas salas de sessões dos tribunais, mesmo além dos cancelos que separam a parte reservada aos magistrados;

b) nas salas e dependências de audiências, secretarias, cartórios, ofícios de justiça, serviços notariais e de registro, e, no caso de delegacias e prisões, mesmo fora da hora de expediente e independentemente da presença de seus titulares;

c) em qualquer edifício ou recinto em que funcione repartição judicial ou outro serviço público onde o advogado deva praticar ato ou colher prova ou informação útil ao exercício da atividade profissional, dentro do expediente ou fora dele, e ser atendido, desde que se ache presente qualquer servidor ou empregado;

d) em qualquer assembléia ou reunião de que participe ou possa participar o seu cliente, ou perante a qual este deva comparecer, desde que munido de poderes especiais;

VII – permanecer sentado ou em pé e retirar-se de quaisquer locais indicados no inciso anterior, independentemente de licença; (...)

XX – retirar-se do recinto onde se encontre aguardando pregão para ato judicial, após trinta minutos do horário designado e ao qual ainda não tenha comparecido a autoridade que deva presidir a ele, mediante comunicação protocolizada em juízo.

O STJ decidiu ser direito do advogado ingressar em órgão público e ser atendido "em qualquer horário, desde que esteja presente qualquer servidor da repartição" (STJ – RMS 1.275, Rel. Min. Humberto Gomes de Barros, j. 05/02/1992). Em sentido semelhante, analisando condicionamento administrativo ao atendimento do advogado, consistente na retirada de senha numérica, reconheceu o STF a violação à prerrogativa, assentando que "incumbe ao Instituto aparelhar-se para atender, a tempo e a modo", os advogados, assegurando que "tratamento célere seja proporcionado tanto aos advogados quanto ao público em geral" (STF – RE 277.065, Rel. Min. Marco Aurélio, j. 08/04/2014).

O CNJ, ao seu turno, ressaltou que não viola a prerrogativa a limitação de acesso aos espaços *além do balcão*, ou seja, ao *interior* das secretarias/gabinetes, cabendo aos tribunais regulamentar a matéria, podendo exigir prévia autorização.[194] No mesmo sentido: "aos advogados é garantido acesso ao interior das secretarias e gabinetes, mediante prévia autorização. O atendimento no balcão das unidades judiciárias, via de regra, é suficiente para que o profissional exerça seu mister de forma plena, pelo que não constitui afronta ao artigo 7º, inciso VI, alínea "b", da Lei n. 8.906/1994".[195]

De todo modo, a título de síntese geral, o STF assentou que "o desrespeito às prerrogativas – que asseguram, ao Advogado, o exercício livre e independente de sua atividade profissional – constitui inaceitável ofensa ao estatuto jurídico da Advocacia" representando "um ato de inadmissível afronta ao próprio texto constitucional e ao regime das liberdades públicas nele consagrado" (STF – MS 23576, Rel. Min. Celso de Mello, DJ 07/12/1999). Tudo a indicar, assim, que a atuação livre e independente do advogado deve ser "permanentemente assegurada pelos juízes, sob pena de subversão das franquias democráticas e de aniquilação dos direitos do cidadão" (STF – MS 23.576 – Pedido de Reconsideração, Rel. Min. Celso de Mello, j. 14/12/1999).

---

[194] CNJ – PCA 0005105-94.2014.2.00.0000, j. 07/03/2018.
[195] CNJ – PCA 0004336-23.2013.2.00.0000, j. 08/04/2014.

4.3.5. Direito de audiência com magistrados e membros do MP

A Lei 8.906/94 (Estatuto da Advocacia) prevê o direito de audiência com magistrados, independentemente de horário marcado:

Art. 7º São direitos do advogado: (...)

VIII – dirigir-se diretamente aos magistrados nas salas e gabinetes de trabalho, independentemente de horário previamente marcado ou outra condição, observando-se a ordem de chegada;

Bilateralmente, a Lei Complementar 35/73 (Lei Orgânica da Magistratura) o dever dos magistrados em atender aos advogados:

Art. 35 – São deveres do magistrado: (...)

IV – tratar com urbanidade as partes, os membros do Ministério Público, os advogados, as testemunhas, os funcionários e auxiliares da Justiça, e atender aos que o procurarem, a qualquer momento, quanto se trate de providência que reclame e possibilite solução de urgência.

O CNJ dispôs ser *dever funcional* do juiz o atendimento ao advogado, ressaltando que a criação de embaraços a essa prerrogativa "configura ilegalidade, podendo caracterizar abuso de autoridade". Na mesma oportunidade, formulou as seguintes orientações:

1) Não pode o magistrado reservar período durante o expediente forense para dedicar-se com exclusividade, em seu gabinete de trabalho, à prolação de despachos, decisões e sentenças, omitindo-se de receber profissional advogado quando procurado para tratar de assunto relacionado a interesse de cliente. A condicionante de só atender ao advogado quando se tratar de medida que reclame providência urgente apenas pode ser invocada pelo juiz em situação excepcional, fora do horário normal de funcionamento do foro, e jamais pode estar limitada pelo juízo de

conveniência do Escrivão ou Diretor de Secretaria, máxime em uma Vara Criminal, onde o bem jurídico maior da liberdade está em discussão;

2) O magistrado é sempre obrigado a receber advogados em seu gabinete de trabalho, a qualquer momento durante o expediente forense, independentemente da urgência do assunto, e independentemente de estar em meio à elaboração de qualquer despacho, decisão ou sentença, ou mesmo em meio a uma reunião de trabalho. Essa obrigação se constitui em um dever funcional previsto na LOMAN, e a sua não observância poderá implicar em responsabilização administrativa.[196]

Em contexto mais recente, o CNJ analisou a prática de magistrado que, trabalhando integralmente em regime de *home office*, negava-se a atender os advogados. Decidiu pela "obrigatoriedade de atendimento a todos os interessados processuais diretamente pelos Magistrados, por meio de videoconferência".[197]

Em semelhante sentido, o CNMP editou a Resolução 88/2012, dispondo que o membro do Ministério Público deve prestar atendimento aos advogados:

> Art. 1º O membro do Ministério Público, no exercício das funções institucionais previstas no art. 129 da Constituição da República ou de sua atuação em face da defesa da ordem jurídica, do regime democrático e dos interesses sociais e individuais indisponíveis, deve prestar atendimento ao público, sempre que solicitado, e em local e horário adequados, com a finalidade de avaliar as demandas que lhe sejam dirigidas.
>
> § 1º O disposto no *caput* deste artigo inclui o atendimento ao advogado de qualquer uma das partes ou de terceiros interessados, independentemente de horário previamente marcado ou outra condição, observando-se a ordem de chegada.

---

[196] CNJ – Pedido de Providência 1465, j. 04/06/2007.
[197] CNJ – Pedido de Providência 0008757-12.2020.2.00.0000, j. 03/11/2020.

4.3.6. Direito à questão de ordem

Afora as oportunidades processuais regulares que estabelecem ao profissional da advocacia o direito de manifestação (manifestações processuais propriamente ditas, como inquirição de testemunhas, requerimentos e debates orais, sustentação oral etc.), o advogado poderá levantar *questão de ordem*, pretextando pelo uso da palavra, em qualquer juízo ou tribunal.

O art. 7°, X, da Lei 8.906/94 (Estatuto da Advocacia) prevê o manejo da prerrogativa (questão de ordem):

(i) para esclarecer equívoco ou dúvida surgida em relação a *fatos, documentos* ou *afirmações* que influam no julgamento da causa;

(ii) para *replicar acusação* ou *censura* que lhe forem feitas.

Há uma terceira circunstância que comporta o uso extraordinário da palavra pelo advogado, prevista no inciso XI do mesmo art. 7°, consistente na *reclamação* do advogado contra a inobservância flagrante de preceito legal, regulamentar ou regimental. Vejamos:

> Art. 7º. São direitos do advogado (...)
>
> X – usar da palavra, pela ordem, em qualquer juízo ou tribunal, mediante intervenção sumária, para esclarecer equívoco ou dúvida surgida em relação a fatos, documentos ou afirmações que influam no julgamento, bem como para replicar acusação ou censura que lhe forem feitas;
>
> XI – reclamar, verbalmente ou por escrito, perante qualquer juízo, tribunal ou autoridade, contra a inobservância de preceito de lei, regulamento ou regimento;

A expressão "pela ordem", constante na própria lei e consolidada na praxe forense, é a maneira utilizada pelo advogado para, extraordinariamente, pretextar pelo uso da palavra. A intervenção, nos termos do Estatuto, deverá ser *sumária* (breve e objetiva),[198] o que se deve aferir à luz da necessidade circunstancial, e na constância do ato processual em curso (*v.g.* audiência, julgamento).

4.3.7. Direito de sigilo (recusa a prestar depoimento)

O advogado tem o dever de resguardar sigilo profissional. A violação desse dever, sem justa causa, constituindo infração disciplinar (art. 34, VII, da Lei 8.906/94), podendo configurar crime (art. 154 do CP). De modo correlato, o Estatuto da Advocacia assegura ao advogado o direito de recusar-se a depor como testemunha sobre fato que constitua sigilo profissional. Além disso, também poderá recusar-se a fazê-lo em processo no qual funcionou ou deva funcionar do advogado ou sobre fato relacionado com pessoa de quem seja ou foi advogado:

> Art. 7º São direitos do advogado: (...)
>
> XIX – recusar-se a depor como testemunha em processo no qual funcionou ou deva funcionar, ou sobre fato relacionado com pessoa de quem seja ou foi advogado, mesmo quando autorizado ou solicitado pelo constituinte, bem como sobre fato que constitua sigilo profissional;

O Código de Ética da OAB possui previsão semelhante (art. 38), inclusive dispondo sobre o dever geral de sigilo profissional (art. 35) e a excepcional circunstância em que ele poderá ser relativizado (art. 37):

> Art. 35. O advogado tem o dever de guardar sigilo dos fatos de que tome conhecimento no exercício da profissão.
>
> Parágrafo único. O sigilo profissional abrange os fatos de que o advogado tenha tido conhecimento em virtude de funções desempenhadas na Ordem dos Advogados do Brasil. (...)
>
> Art. 37. O sigilo profissional cederá em face de circunstâncias excepcionais que configurem justa causa, como nos

---

[198] LÔBO, Paulo. *Comentários ao Estatuto da Advocacia*. São Paulo: Saraiva, 2017, p. 74.

casos de grave ameaça ao direito à vida e à honra ou que envolvam defesa própria.

Art. 38. O advogado não é obrigado a depor, em processo ou procedimento judicial, administrativo ou arbitral, sobre fatos a cujo respeito deva guardar sigilo profissional.

A Lei de Abuso de Autoridade (Lei 13.869/2019) passou a tipificar a conduta da autoridade pública que, violando a prerrogativa, constrange a depor aquele que deva guardar segredo profissional:

Art. 15. Constranger a depor, sob ameaça de prisão, pessoa que, em razão de função, ministério, ofício ou profissão, deva guardar segredo ou resguardar sigilo:

Pena – detenção, de 1 (um) a 4 (quatro) anos, e multa.

A propósito, não são incomuns situações em que o advogado ou o diretor jurídico de empresa é chamado a prestar depoimento em investigação criminal. Em ambas as situações, exercendo, o profissional, atividades típicas de advocacia (art. 1º do Estatuto da Advocacia), haverá expresso dever de resguardo do sigilo.

4.3.8. Direito a tratamento equânime a juízes e membros do MP

A Lei 8.906/94 (Estatuto da Advocacia) afasta qualquer relação de hierarquia ou subordinação de advogados em relação a magistrados e membros do Ministério Público, assentando a todos o dever de tratarem-se com igual consideração e respeito. O comando se estende a todos os agentes públicos e serventuários, os quais devem dispensar ao profissional tratamento compatível com a dignidade da advocacia, bem como condições adequadas ao seu desempenho:

Art. 6º Não há hierarquia nem subordinação entre advogados, magistrados e membros do Ministério Público, devendo todos tratar-se com consideração e respeito recíprocos.

Parágrafo único. As autoridades, os servidores públicos e os serventuários da justiça devem dispensar ao advogado, no exercício da profissão, tratamento compatível com a dignidade da advocacia e condições adequadas a seu desempenho.

A questão de fundo que verte do dispositivo em referência nada diz com uma posição de status. Do ponto de vista substancial a lei está associada à promoção de um equilíbrio possível no âmbito das relações processuais. Ao tempo em que exige do advogado uma postura consentânea às funções que exerce, afasta qualquer hipótese de subordinação que pudesse desencorajá-lo a exercer com efetividade a defesa, eventualmente desafiando a legalidade da ação das autoridades públicas envolvidas.

É sob essa perspectiva que o Código de Ética da OAB, ao estipular o dever de urbanidade, impõe que o advogado exija igual tratamento respeitoso de todos com quem se relacione (art. 27).

5. O direito de defesa em xeque: defesa deficiente x defesa efetiva

5.1. A deficiência na prestação defensiva: o "teste do espelho" e os "milhares de anos perdidos"

A despeito de toda a carga normativa de que se investe o direito de defesa, a realidade incontroversa, assumida como tal por aqueles que vivenciam o foro criminal, aponta para um cenário de fragilidade na prestação defensiva, sobretudo de assistidos pobres, quando destituídos da possibilidade de receber o auxílio de um defensor de sua eleição ou mesmo da Defensoria Pública.[199]

São recorrentes as situações em que os investigados não têm qualquer assistência defensiva no momento da

---

[199] Embora a Defensoria Pública cumpra com a essencial função de assistência jurídica aos necessitados, sua atuação está presente em torno de apenas 30% do território nacional, alcançando 55% dos 75 milhões de brasileiros com renda familiar de até R$ 2 mil. Ver: "Corte de Verbas", Entrevista concedida pelo Defensor Público-Geral Federal Gabriel Faria Oliveira. Revista Consultor Jurídico. Disponível em: <www.conjur.com.br>. Ver, a propósito, estudo realizado pelo Ministério da Justiça – IV Diagnóstico da Defensoria Pública no Brasil, em sua última edição (2016), que apontou, à ocasião, que apenas quatro defensorias públicas (RO, TO, RJ e DF), dentre as vinte e quatro existentes no país, atendem a todas as comarcas em seus respectivos estados. No Maranhão, o atendimento dos defensores abrange apenas 5% das áreas pretendidas. Em Goiás, há o dado mais alarmante relacionado à proporção entre defensores públicos e população carente: para cada defensor há 159 mil pessoas para atender. Disponível em: <https://www.conjur.com.br/dl/iv-diagnostico-defensoria-publica-brasil.pdf>.

prisão e da própria investigação; tampouco é incomum o primeiro contato do réu com seu defensor ocorrer minutos antes da audiência judicial. O acesso ao processo é muitas vezes realizado em condições precárias, e a ausência de tempo adequado para a preparação da defesa se converte em novo obstáculo, tendo em vista as dificuldades para examinar detalhadamente a prova, indicar testemunhas, providenciar documentos ou requerer diligências que atendam o interesse do assistido.[200]

Em alguma medida, esse cenário deficitário está retratado no *Rule of Law Index*, resultado de criteriosa pesquisa conduzida pelo *World Justice Project*.[201] Colhendo a percepção de cidadãos e *experts*, professores e profissionais do Direito de todo o mundo, o periódico se propõe a examinar a evolução do Estado de Direito em escala global. Em 2014, entre 99 países, o Brasil ocupava a 69ª posição

---

[200] No início da década de 2000, uma pesquisa realizada pelo Instituto de Defesa do Direito de Defesa (IDDD) revelou aquilo que a sensação transmitia àqueueles que operam nos foros e tribunais brasileiros: o déficit na prestação do direito de defesa em relação às camadas mais carentes da sociedade (não assistidas pela Defensoria Pública). O estudo se projetou sobre o Estado de São Paulo, com foco nos processos envolvendo delitos de roubo. Foram analisados os casos julgados pelo Tribunal de Alçada Criminal no ano de 2000. A pesquisa identificou que: (i) 97,69% dos indiciados não tiveram qualquer tipo de defesa no auto de prisão em flagrante; (ii) durante o restante do inquérito, apenas 1,82% dos indiciados tive um defensor atuando em seu favor (...); (iii) apenas 23%, dos acusados apresentaram através de defensores pedidos de liberdade provisória; (iv) na fase das alegações finais, o percentual de acusados que tiveram defesa técnica se aproxima de 100%, o mesmo ocorrendo com as razões de apelação. À vista desses dados, os pesquisadores concluíram que a defesa técnica se fazia presente, em favor desses desfavorecidos, *apenas nas hipóteses processuais em que a lei assim obriga*, revelando-se ausente na articulação das demais medidas. MARTINS, Fernanda V; REZENDE, Guilherme M. *Defesa formal v. Defesa substancial. Decisões judiciais nos crimes de roubo em São Paulo*: a Lei, o Direito e a Ideologia: São Paulo: Instituto de Defesa do Direito de Defesa, 2005, p. 59.

[201] *World Justice Project* é uma organização independente, multidisciplinar, que trabalha para o avanço do Estado de Direito no mundo. A pesquisa em referência (*Rule of Law Index* 2014), cujo objetivo é aquilatar o nível de aderência dos países ao *rule of law*, está baseada em quatro princípios universais do Estado de Direito (*Rule of Law*): (1) sujeição de autoridades e agentes públicos à lei, na mesma intensidade que indivíduos e empresas privadas; (2) clareza, publicidade, estabilidade das leis e proteção aos direitos fundamentais; (3) eficiência e justiça na elaboração e aplicação da lei; (4) independência, ética e agilidade na prestação jurisdicional. WORLD JUSTICE PROJECT, *Rule of Law Index 2014* – Washington, D.C., disponível em <www.worldjusticeproject.org >.

no quesito "justiça criminal efetiva" (*Effective Criminal Justice*), critério que apura, essencialmente, (i) o respeito ao devido processo, (ii) a adequada assistência legal e (iii) a efetividade e a agilidade das instituições do sistema de justiça. Esse panorama desfavorável repetiu-se nos anos posteriores: no biênio 2017-2018, o Brasil caiu para a 85ª posição, entre os 113 países pesquisados, remanescendo em posição de declínio no *status Rule of Law Performance*; em 2019, nova queda: entre 126 países pesquisados, o Brasil despencou para a 94ª posição, ficando atrás, por exemplo de Uruguai (42ª), Argentina (61ª) e Paquistão (92ª).[202]

É logicamente esperado que a deficiência de defesa impacte no resultado dos julgamentos. Nos Estados Unidos, país com a maior população carcerária do mundo, há pesquisas mensurando o peso da assistência jurídica deficiente na produção de decisões condenatórias, havendo claros encaminhamentos no sentido de que não são os crimes propriamente ditos, mas a (baixa) qualidade da representação legal que distingue casos em que a pena de morte é imposta de outros similares em que essa pena não é aplicada. Segundo Stephen Bright, essa situação é confirmada *case after case*.[203]

---

[202] Nesse sentido, a edição de 17 de agosto de 2019 do jornal O Globo publicou matéria intitulada "*MP do Rio constata que audiência de custódia reduz casos de tortura*". Segundo a matéria, levantamento feito pelo Ministério Público do Rio de Janeiro, revelou que, de janeiro a abril de 2019, 156 presos que passaram por audiências de custódia na central de Benfica denunciaram ter sofrido maus-tratos ou tortura. A promotora coordenadora do Centro de Apoio Operacional das Promotorias de Justiça Criminais creditou a diminuição às audiências de custódia. Disponível em: <https://worldjusticeproject.org/our-work/research-and-data/wjp-rule-law-index-2019>. Acesso em 05-ago-2019. Nesse sentido, a edição de 17 de agosto de 2019 do jornal O Globo publicou matéria intitulada "*MP do Rio constata que audiência de custódia reduz casos de tortura*". Segundo a matéria, levantamento feito pelo Ministério Público do Rio de Janeiro, revelou que, de janeiro a abril de 2019, 156 presos que passaram por audiências de custódia na central de Benfica denunciaram ter sofrido maus tratos ou tortura. A promotora coordenadora do Centro de Apoio Operacional das Promotorias de Justiça Criminais creditou a diminuição às audiências de custódia.

[203] BRIGHT, Stephen B, "Counsel for the poor: the death sentence not for the worst crime but for the Worst Lawyer", *The Yale Law Journal*, v. 103, 1994, p. 1852.

Brandon Garret, cuja pesquisa aponta a ineficiência do advogado como uma das mais frequentes arguições em pedidos de revisão criminal, adere a essa conclusão. Garret examinou os primeiros 250 casos de exoneração de responsabilidade pelo teste de DNA, ou seja, de absolvições precedidas de condenação com parcial cumprimento da pena. Destes 250 detentos cujos casos foram revisados, 40 (16%) haviam *falsamente confessado o crime*, um elemento bastante elucidativo quando em questão a efetividade da assistência defensiva.[204]

A Universidade de Michigan desenvolve a mais detalhada e permanente pesquisa em torno de casos de exoneração de responsabilidade em procedimentos de revisão criminal. A estatística compõe o *National Registry of Exonerations*, e computa, no período de 1989 ao início de 2021, 2.708 casos de afastamento da responsabilidade penal de cidadãos condenados e presos pela prática de crimes que não praticaram. Essas condenações equivocadas renderam o indevido cumprimento de 24.600 anos de prisão. Os dados revelam que, apenas em 2018, ocorreram 151 exonerações, 19 das quais devidas a falsas confissões. Em média, cada cidadão condenado, ulteriormente absolvido, cumpriu indevidamente 10,9 anos de prisão.[205] Na epígrafe do

---

[204] Garret exemplifica com o emblemático caso Jimmy Ray Bromgard, que foi representado por um advogado conhecido pelo apelido de "Jailhouse John Adams", contratado pelo Condado de Yellowstone, Montana. Referido advogado já havia sido designado anteriormente pela Corte Federal, e fora frequentemente flagrado em um bar, jogando cartas, quando deveria estar representando seu cliente perante o Tribunal. No caso concreto, o advogado encontrou-se com o cliente apenas uma vez antes do julgamento, não contratou qualquer perícia adequada à realização da contraprova, nada fez para impugnar a prova da acusação e falhou em preparar o acusado para seu interrogatório. Mais do que isso, em triste e folclórico momento, ainda errou, perante o júri, o nome de seu cliente: "Adams said: *'You go by the name of Ray Bromgard, don´t you?'*. Bromgard, who goes by Jimmy, said: *'No'*". Ainda assim, a Corte de Montana não reconheceu qualquer vício no julgamento. GARRET, Brandon L. *Convicting the Innocent – Where Criminal Prosecutions Go Wrong*. Cambridge – London: Harvard University Press, 2012, p. 165.

[205] Um trabalho impactante nesse setor, focado na exoneração de responsabilidade através de testes de DNA, é exercido pelo *Innocence Project*, fundado em 1992 por Peter Neufeld e Barry Scheck, na Cardozo School of Law. Disponível em: <www.innocenceproejct.org>. Importante caso relacionado a essa atividade

site (law.umich.edu), consta a impactante inscrição: *More than 24,600 years lost*.

Se a percepção dos *experts* está correta, e nos parece que esteja, temos um nada irrelevante déficit de eficácia do direito de defesa. E aqui o problema já não se restringe à inépcia do advogado, causa remota do problema, mas à postura judicial contemplativa diante dessa deficiência na prestação defensiva.

De fato, se temos esse diagnóstico aquilatado pelos próprios juízes[206] é porque estamos falhando em relação às exigências de respeito e, sobretudo, *proteção* que emanam dos direitos fundamentais em geral, e do direito de defesa em especial. Essa tarefa, em última escala, está encomendada aos próprios juízes.

A propósito, o *standard* assumido por alguns tribunais norte-americanos para a aferição da deficiência defensiva – o *farce and mockery test* – foi alvo de muitas críticas e ironicamente descrito como "o teste do espelho" (*mirror test*): você coloca um espelho sob o nariz do defensor; se o espelho embaçar, é sinal de que o acusado obteve uma adequada assistência.[207]

É precisamente essa a hipótese que problematizamos neste capítulo: a baixa controlabilidade judicial sobre a deficiência de defesa. A insubsistência defensiva exige, em algum momento e medida, a intervenção do Poder Judi-

---

foi retratado na obra "O Inocente", de John Grisham, adapada para documentário/seriado pelo Netflix. No Brasil, esse projeto foi implementado em 2016, tendo à frente os advogados Dora Cavalcanti, Flávia Rahal e Rafael Tucherman. Disponível em: <https://www.innocencebrasil.org/>.

[206] Tome-se aqui a palvara de Warren Burger, *Chief Justice* da Suprema Corte do Estados Unidos no período de 1969 a 1986, ao afirmar que de um terço à metade dos advogados que atuaram em sérios casos criminais não estavam qualificados para exercer adequadamente a representação de seus clientes. BURGER, Warren E, "The Special Skills of Advocacy: Are Specialized Training and Certification of Advocates Essential to Our System of Justice?". *Fordham Law Review*, n. 227, 1973, p. 247.

[207] BLUME. John, "It's Like Deja Vu All Over Again: Williams *v*. Taylor, Wiggins *v*. Smith, Rompilla *v*. Beard and a (Partial) Return to the Guidelines Approach to the Effective Assistance of Counsel". *Cornell Law Faculty Publications*, n. 38, 2007, p. 134. Também: BRIGHT, Stephen B, *"Counsel for the poor..."*, p. 1852.

ciário. Todavia, os tribunais brasileiros têm-se mostrado tímidos quando chamados a se pronunciar sobre a deficiência na prestação defensiva. Essa postura reticente parece estar apoiada em um longo histórico jurisprudencial que, conforme aqui sustentaremos, merece revisão à luz do panorama normativo atual.

5.2. A Súmula 523 do Supremo Tribunal Federal

O modelo interpretativo que vem balizando a jurisprudência no que diz respeito à deficiência de defesa é o que se contém na Súmula 523 do STF, assim redigida:

> No processo penal, a falta da defesa constitui nulidade absoluta, mas a sua deficiência só o anulará se houver prova de prejuízo para o réu. (DJ 12/12/1969)

Ao editar o verbete, o STF fixou três pontos que seriam determinantes para a formação de um quadro de baixa controlabilidade judicial acerca do direito de defesa:

(i) primeiramente, estabeleceu uma pouco clara distinção entre "falta" de defesa e "deficiência" de defesa, passando a tolerar um grau de concretização do direito fundamental assumidamente baixo ("deficiente");

(ii) em segundo lugar, indicou que dessa deficiência não resultaria vício processual se não comprovado "prejuízo" para o réu;

(iii) em terceiro lugar, acabou por impor ao próprio réu, deficientemente assistido, o ônus de provar o "prejuízo" sofrido.

O debate que levou à construção do verbete deu-se sob a égide da Constituição de 1967. Quando de sua redação (Sessão Plenária de 03/12/1969), fora recém-outorgada, pelos Ministros Militares, a Emenda Constitucional 1/1969. Travada nesse período pré-democrático, não predominaram, na discussão da matéria, razões de matriz constitucional. Como veremos a seguir, o raciocínio que embasa a Súmula 523 revela uma aderência estrita à letra do art. 564, III, do CPP, no que censuraria apenas a "falta" de defesa, e não propriamente sua deficiência.[208] Essa formulação revela o quanto o debate passou ao largo da teoria dos direitos fundamentais, especificamente dos elementos constitutivos do direito de defesa, das *funções* que cumpre no ordenamento jurídico e os *efeitos* que projeta sobre a legislação ordinária, inclusive a processual.

5.2.1. A tolerância judicial com a defesa deficiente

A mais séria objeção oponível à Súmula 523 reside na aceitação judicial, nela sedimentada, de que um direito fundamental poderia se considerar respeitado e protegido ainda que diante da constatação, no caso concreto, de um grau de desempenho do direito reconhecidamente "deficiente". Isso porque, conforme se extrai da redação da Súmula 523, a deficiência de defesa não seria, *em si*, causa de nulidade processual, vício que apenas se reconheceria com um requisito adicional: a prova de prejuízo para o réu.

Essa crítica ganha relevância ao percebermos que a jurisprudência do próprio STF não é clara na pretendida distinção entre "falta" e "deficiência" de defesa. O resgate casuístico bem ilustra o problema.

Em 1953, o STF promoveu uma primeira classificação distintiva, apontando que "não há de se confundir, para o efeito de nulidade do processo, entre falta de defesa e defesa pouco convincente" (STF – RHC 32.861, Rel. Min. Mário Guimarães, j. 25/11/1953); apenas a primeira conduziria à nulidade processual. O critério de distinção entre uma e outra, todavia, ainda não apareceria.

Mais de uma década após, apreciando impetração que narrava defesa técnica exercida por um estagiário de direito, o STF distinguiria entre "falta de defesa" e "defi-

---

[208] CPP – Art. 564. A nulidade ocorrerá nos seguintes casos: III – por *falta* das fórmulas ou dos termos seguintes: c) a nomeação de defensor ao réu presente, que o não tiver, ou ao ausente, e de curador ao menor de 21 anos; (...) l) a acusação e a defesa, na sessão de julgamento; (...).

ciência de defesa". Na ocasião, o Ministro Victor Nunes Leal, invocando o art. 564 do CPP, sustentou que a nulidade absoluta compreenderia estritamente a "falta" de defesa", e não sua deficiência. E para a verificação dessa deficiência estabeleceu-se a condicionante do "efetivo prejuízo" para o acusado (STF – HC 42.274, Rel. Min. Victor Nunes Leal, j. 10/06/1965). Em decorrência desse e de outros julgados[209] é que foi sedimentado o entendimento fixado na Súmula 523.

A despeito da categorização implementada, a jurisprudência do STF seguiu sem aportar contornos precisos para o que poderia ser entendido como falta de defesa, de modo a distingui-la da deficiência de defesa. A primeira acepção imaginável para a falta de defesa seria a literal *ausência físico-processual* do defensor, no sentido de ser o acusado submetido ao processo *desacompanhado* de qualquer patrocínio técnico, hipótese expressamente vedada pelo artigo 261 do CPP. Esse foi o significado atribuído em contexto no qual o juiz nomeou defensor para apenas um dos réus, "esquecendo-se completamente do paciente, que ficou sem defensor" (STF – HC 45.015, Rel. Min. Adaucto Cardoso, j. 20/02/1968). Essa também foi a solução dada pelo tribunal nas ocasiões em que a defesa foi patrocinada por indivíduos não habilitados na OAB, concluindo ser: "evidente a falta de defesa técnica, aliás de toda defesa" (STF – RHC 83.800, Rel. Min. Cezar Peluso, j. 05/04/2005); idem: "inexistência de defesa técnica porque patrocinada por pessoa inabilitada para o exercício da advocacia" (STF – HC 71.705, Rel. Min. Maurício Corrêa, j. 26/03/1996).

Apesar de outros julgados terem incorporado essa significação, não há uniformidade nesse sentido. A locução "ausência" de defesa foi também emprestada a situações em

---

[209] A indexação contida no *site* do Supremo Tribunal Federal destaca os principais precedentes que conduziram à elaboração do verbete sumular: RHC 45.336, Rel. Min. Hermes Lima, j. 29/03/1968; HC 45.015, Rel. Min. Adaucto Cardoso, j. 20/02/1968; RHC 43501, Rel. Min. Oswaldo Trigueiro, j. 22/08/1966 e HC 42.274, Rel. Min. Victor Nunes Leal, j. 10/06/1965. Disponível em: <http://www.stf.jus.br/arquivo/cms/jurisprudenciaSumula/anexo/Enunciados_Sumulas_STF_1_a_736_Completo.pdf >. Acesso em 28 out. 2020.

que o advogado, apesar de regularmente habilitado e presente nos autos, tenha deixado de apresentar manifestação processual (defesa prévia): "alguma palavra pode ser dada, deve ser dada, há de ser dada, pelo defensor oficial, sob pena de se tornar nulo o processo, por ausência de defesa" (STF – RHC 43.011, Rel. Min. Evandro Lins, j. 07/02/1966).

O STF também reconheceu "ausência de defesa" em processo no qual o defensor atuou "contra" os interesses dos assistidos, admitindo, em alegações finais, a existência de provas suficientes para a condenação de seus clientes: "[a ampla defesa] não existe se o defensor (...) não apenas aceita, em matéria de fato, a versão mais desfavorável ao adolescentes que lhe incumbia defender, mas pugna por que se lhes aplique a medida mais gravosa à sua liberdade pessoal, dentre todas as previstas na legislação aplicável (...). De tudo, conheço o RE e lhe dou provimento para, reconhecida a ausência de defesa, anular o processo" (STF – RE 285.571, Rel. Min. Sepúlveda Pertence, j. 13/02/2001).

O imbróglio conceitual se intensifica quando verificamos casos de aproximação (quase uma equiparação) entre falta (ou ausência) e deficiência de defesa, tendo o próprio tribunal assumido a precariedade da categorização:

(i) "deficiência na defesa equipara-se à ausência de defesa ou constitui, pelo menos, deficiência com prejuízo para o réu" (STF – RHC 51.072, Rel. Min. Bilac Pinto, j. 20/06/1973);

(ii) "quando a defesa é de tal modo omissa e deficiente, em condições que não asseguram o mínimo de diligência e iniciativa, (...) a situação deve ser equiparada à falta de defesa, com a consequente nulidade absoluta, nos termos da Súmula 523" (STF – HC 57.510, Rel. Min. Rafael Mayer, j. 18/12/1979);

(iii) "a chamada deficiência da defesa se confunde com sua falta", de sorte que "não são precisas, por conseguinte, as linhas de fronteira entre falta e deficiência de defesa." (STF – HC 54.185, Rel. Min. Leitão de Abreu, j. 25/05/1976);

(iv) "no caso, não houve apenas deficiência de defesa, mas falta de defesa. Mas se, pelo fato de haver sido nomeado defensor dativo, se entender não ter havido falta de defesa, cumprirá admitir-se, quando menos, que, na espécie, a defesa foi deficiente" (STF – RHC 58.240, Rel. Min. Leitão de Abreu, j. 05/09/1980);

(v) "existem situações em que a deficiência da defesa promovida pelo advogado demonstra de tal maneira sua desídia, falta de zelo, de iniciativa, de diligência, que o prejuízo, além de patente, se revela insuperável (...). Nesses casos, é possível equiparar a referida deficiência à total ausência de defesa" (STF – HC 82.672, Redator do acórdão Min. Marco Aurélio, j. 14/10/2003);

(vi) por vezes, a deficiência de defesa é tão gritante que representa, na prática, ausência de defesa. Diferenciar as situações não é tarefa fácil, muitas vezes envolvendo uma distinção meramente de grau" (STF – HC 110.271, Rel. Min. Marco Aurélio, j. 07/05/2013);

(vii) "a realização do direto de defesa (...) envolve a apresentação de trabalho idôneo para a finalidade, devendo ser considerada nula somente a defesa que não arroste os elementos básicos da acusação, em clara e flagrante ausência de defesa" (STF – RHC 107.676, Rel. Min. Gilmar Mendes, j. 08/11/2011).

Sinteticamente, o STF parece ter-se emaranhado no diagnóstico da distinção que ele próprio estabeleceu entre falta e deficiência de defesa. E o tribunal tampouco construiu critérios que permitissem reconhecer, de modo mais amplo, a deficiência defensiva, cuja inadmissibilidade ainda estaria sujeita à demonstração de *prejuízo*. Essa indeterminação se convolaria em uma prestação jurisdicional dotada de elevado grau de subjetividade, porque inexoravelmente casuística; juridicamente insegura, portanto.

5.2.2. A exigência da demonstração de prejuízo e a indeterminação de critérios para sua aferição

A palavra *prejuízo* assumiu significados diversos ao longo da trajetória jurisprudencial do STF. Na acepção linguística, prejuízo é um dano suportado pelo agente em decorrência de algo que lhe originou. No caso da Súmula 523 do STF, o prejuízo seria um dano decorrente da defesa prestada de forma deficiente – e não ela própria. Nessa perspectiva, deficiência de defesa e prejuízo seriam diagnósticos *diferentes* e *sucessivos*. E, para efeitos de reconhecimento da violação ao direito de defesa por deficiência na sua prestação, ambos deveriam estar demonstrados. A questão que remanesce é: o que devemos ter por *prejuízo* – quais seus critérios de aferição e a quem competiria demonstrá-lo – a teor da Súmula 523 do STF?

Definitivamente não se pode apontar a solidificação de uma expressiva corrente jurisprudencial indicativa do(s) critério(s) determinante(s) da ocorrência de prejuízo e, por conseguinte, da nulidade do processo por deficiência na prestação de defesa técnica. Ao contrário, percebe-se uma diversidade de critérios, em regra extraíveis do caso concreto e de difícil – senão impossível – demonstração.

Em uma tentativa de aproximação classificatória, podemos apontar um *primeiro conjunto de julgados* considera *prejuízo* a prestação de uma defesa *materialmente falha*. Essa parece ser, inclusive, a significação originária, expressamente descrita nos precedentes que originaram a edição da Súmula:

(i) "deficiência de defesa é problema que já temos apreciado algumas vezes, e sempre procuramos verificar se dela resultou efetivo prejuízo para o acusado. Tais são, por exemplo, os casos em que o defensor oferecer razões omissas, ou não repergunta as testemunhas, ou tem pouca experiência – embora com habilitação legal – circunstâncias que se traduzem em deficiência de defesa" (STF – HC 42.274, Rel. Min. Victor Nunes Leal, j. 10/06/1965);

(ii) "o Defensor Público não assinou o termo, não fez defesa, nem formulou perguntas. O paciente foi realmente prejudicado" (STF, RHC 45.336, Rel. Min. Hermes Lima, j. 29/03/1968);

(iii) hipótese em que a defesa foi composta por "parcas razões oferecidas", "sem testemunhas, sem requerimento de diligências", "apelação lacunosa" e foi elaborada por um único defensor público para ambos os réus, sendo "colidentes as defesas", concluiu o relator que "o réu não teve a amplitude de defesa reclamada pelo preceito constitucional" (STF – HC 54.531, Rel. Min. Bilac Pinto, j. 21/09/1976);

(iv) situação concreta em que o defensor, com inscrição suspensa na OAB, "não requereu provas", apresentou alegações finais "pouco inteligíveis", que não continham "avaliação crítica mínima das provas", além de reiterar, nas razões de apelação, idêntico conteúdo das alegações finais (STF – HC 110.271, Rel. Min. Marco Aurélio, j. 07/05/2013).

Nessa primeira significação, privilegia-se uma análise acerca do desempenho do defensor para fins de aferição de ocorrência de *prejuízo*, sobressaindo-se aspectos relacionados à inaptidão técnica, à perda de oportunidades processuais e à reação meramente genérica à acusação; como se percebe, são critérios bastante diversificados, que parecem confundir-se com o próprio diagnóstico da deficiência defensiva, e não com uma condição que lhe seja externa (no caso, a comprovação do *prejuízo*).

Uma *segunda linha* de entendimento relaciona a constatação do prejuízo ao próprio resultado processual adverso (condenatório), à vista de uma pluralidade de desfechos possíveis para a ação penal, mais benéficos ao acusado. Com base nesse raciocínio, o STF reconheceu a nulidade de processo em que o acusado foi deficientemente assistido, pontuando expressamente que:

(i) o prejuízo decorreu da "possibilidade de conseguir o réu sentença mais favorável se tivesse seu patrono obrado com efetivo5ta por estagiário, além de vedada pelo Estatuto da OAB, poderá ter acarretado prejuízo ao réu, a considerar-se que, ao invés de condenado, havia a possibilidade de resultar absolvido, se patrocinado por advogado" (STF – RHC 66.305, Rel. Min. Francisco Rezek, j. 07/06/1988);[210]

(ii) "a condenação do paciente – que nega a autoria do crime – a 4 anos e 4 meses de reclusão, parece suficiente a que se tenha por demonstrado o prejuízo acarretado pela falta de defensor na audiência em que foram inquiridas as testemunhas de acusação" (STF – AI 457.989, Rel. Min. Sepúlveda Pertence, j. 16/12/2003);

(iii) ainda, conforme excerto de manifestação do Ministro Ricardo Lewandowski, extraído dos debates do julgamento: "a inépcia da defesa revela-se também na prática na pena máxima por homicídio e dez anos por cada crime sexual. Realmente demonstra esse resultado a inépcia da defesa" (STF – HC 85.969, Rel. Min. Marco Aurélio, j. 04/09/2007);

(iv) de forma semelhante, no contexto de não realização de sustentação oral defensiva, o Ministro Marco Aurélio que "o prejuízo está certificado no desprovimento do recurso interposto pela defesa" (STF – RHC 123.816, Red. acórdão Min. Luis Roberto Barroso, j. 24/02/2018).

Esse apontamento sobre o resultado processual adverso não parece que possa funcionar isoladamente. Primeiro, porque, antes de ser um critério de aferição de deficiência de defesa, a condenação criminal parece ser uma condição processual – pautada no princípio do interesse – a que se examine e reconheça, em instâncias revi-

---

[210] Retira-se do acórdão: "fala-se em nulidade resultante do patrocínio de estagiário. Conquanto mencione a ementa do acórdão recorrido o bom desempenho do acadêmico, penso que, nesta hipótese – a levar em consideração que, malgrado o esforço do patrono, foi o réu afinal condenado – o fator prejuízo deve estimar-se à vista de figurar, no espectro de decisões a que poderia ter o juízo chegado, a absolvição, tanto de formas condenatórias mais brandas. A pluralidade de desfechos possíveis leva-me a crer que, se dirigida por advogado habilitado, a defesa poderia ter conduzido a final diverso – porventura mais benéfico – do que aquele onde, mesmo com a reconhecida intrepidez, o neófito logrou chegar. A questão do prejuízo, ante este raciocínio, não se assentará mais na defesa inexistente por falta de credenciamento na OAB, mas na probabilidade de final mais proveitoso ao réu, se patrocinado por profissional habilitado." (STF – RHC 66.305, Rel. Min. Francisco Rezek, j. 07/06/1988).

soras, o pleito de deficiência de defesa. Segundo, porque a condenação, como resultado processual, poderá se dar ainda que o acusado tenha sido eficientemente defendido. De modo que o resultado do processo, em si, não haveria de erigir em critério de definição de "prejuízo" a efeitos de reconhecimento de uma defesa deficiente.[211] É o que se extrai, por exemplo, da seguinte decisão:

> (...). Nem sempre o processo oferece elementos favoráveis a uma defesa diligente, como assinala o acórdão recorrido, nem se há de ter como deficiência o insucesso da defesa diante do excessivo rigor dos julgadores no apreciar as provas. (STF – RHC 60.271, Rel. Min. Rafael Mayer, j. 09/11/1982).

Um *terceiro conjunto de julgados* atribui formulação de dificílima comprovação ao que pretende consagrar como *prejuízo*, relacionada à verificação de que a defesa teria sido *materialmente insuficiente*, ao que somaria a *demonstração de que o conjunto probatório analisado permitiria que uma defesa mais diligente explorasse pontos favoráveis ao acusado*. São exemplos que se inserem nesse terceiro conjunto:

(i) caso em que o defensor desistiu da oitiva de todas as testemunhas defensivas e, em alegações finais, requereu genericamente a absolvição; a despeito da expressa verificação de que "a defesa foi deficiente", o relator assentou que a prova produzida era amplamente desfavorável e que os impetrantes não haviam indicado "virtualidades do caso que pudessem ser exploradas por uma defesa mais ampla", e concluiu: "nas circunstâncias do caso, sequer se logra vislumbrar o que uma defesa menos deficiente poderia tentar em favor do réu" (STF – HC 68.680, Rel. Min. Sepúlveda Pertence, j. 25/06/1991);

---

[211] Nesse sentido: "Adotar a tese sufragada no presente habeas corpus seria admitir que qualquer defesa que não logre êxito em seus argumentos deveria ser reputada deficiente, precária, permitindo-se, neste sentido, a reiterada declaração de nulidade de processos até que os interesses dos acusados fossem atendidos, o que, certamente, não coaduna com o sistema de nulidades implantado na esfera do Direito Processual Penal pátrio". (STF – RHC 107.676, Rel. Min. Gilmar Mendes, j. 08/11/2011).

(ii) advogado que, em plenário do júri, utilizou apenas vinte minutos para desenvolver uma pluralidade de teses defensivas: "a defesa apresentada, embora deficiente, não exerceu influência na apreciação do mérito da causa ou apuração da verdade real", considerado "o porte da farta prova produzida, a par da confissão" (STF – HC 78.729, Rel. Min. Maurício Corrêa, j. 16/03/1999);

(iii) "da leitura da defesa prévia e das alegações finais, cheguei à conclusão de que a defesa, embora resumida, não importou prejuízo para a recorrente, pois a sentença condenatória se baseou na prova pericial, assinalando textualmente: a prova técnica é no sentido de incriminar a conduta da segunda acusada" (STF – HC 55.370, Rel. Min. Djaci Falcão, j. 18/10/1977).

Essa terceira acepção de prejuízo se revela particularmente perversa, porquanto exige do acusado que demonstre que o processo poderia ter tido final diverso caso sua defesa tivesse sido conduzida por advogado mais diligente, o que não se aplicaria à hipótese de um cenário probatório desfavorável, diante do qual sequer essa demonstração pareceria suficiente; em última análise, a contundência da prova dos autos eliminaria a necessidade de controle sobre a deficiência da prestação defensiva.

Poderíamos elencar, ainda, uma *quarta variação* na jurisprudência do STF, a qual reconduz o reconhecimento do prejuízo à própria aferição da deficiência da defesa em si. Nesse sentido:

(i) o STF analisou a atuação de advogado que "deu como pressuposta a autoria delitiva" em descompasso com as declarações do réu, o que "já em si revela um prejuízo ao interesse do acusado". (STF – HC 57.175, Rel. Min. Rafael Mayer, j. 25/09/1979);

(ii) "o Defensor Público não assinou o termo, não fez defesa, nem formulou perguntas. O paciente foi realmente prejudicado" (STF, RHC 45.336, Rel. Min. Hermes Lima, j. 29/03/1968);

(iii) "Foi nomeado defensor dativo, que se houve, desde as primeiras alegações escritas, com notória negligência, descuido da defesa, o que a tornou ineficaz. (...) Em suma, a verdade substancial ficou prejudicada, e a causa foi decidida com base num contraditório defeituoso" (STF – RHC 51.072, Rel. Min. Bilac Pinto, j. 20/06/1973).

(iv) Finalmente, nos termos utilizados pelo Min. Marco Aurélio, em voto vencido: "a busca da verdade real restou seriamente prejudicada pela atitude passiva da defesa, deixando de atuar mediante a utilização dos instrumentos que a legislação processual proporciona" (STF – HC 70.916, Redator do acórdão Min. Carlos Velloso, j. 01/03/1994).

Acertada, enfim, a crítica de Fauzi, ao endossar o diagnóstico aqui sustentado: mesmo após toda a renovação da ordem constitucional, a jurisprudência "continua trabalhando os padrões valorativos da ordem jurídica anterior", obrando com categorias como "ausência de prejuízo para justificar a inocorrência de vício dada a ausência de defensor"; claramente, inexiste um "conceito concreto do que seja ausência de prejuízo para a defesa".[212]

5.2.3. *A sujeição do acusado sub-representado ao ônus de comprovar o prejuízo*

O terceiro problema do sistema adotado na Súmula 523 é a atribuição ao acusado deficientemente defendido do ônus adicional de provar o prejuízo decorrente dessa deficiência. À luz dessa disciplina, "não basta alegar e sustentar como indevida a atuação de defensor nomeado, sendo certo que a eventual insuficiência da defesa técnica promovida em favor do réu somente caracterizaria hipótese de invalidação formal do processo penal, se se demonstrasse, objetivamente, a ocorrência de prejuízo para o acusado (Súmula 523/STF)" (STF – HC 104.963, Rel. Min. Celso de Mello, j. 18/12/2012).

---

[212] CHOUKR, Fauzi Hassan. Assistência Judiciária e Processo Penal. *Cadernos Adenauer*, 3, 2000, p. 83

O obstáculo é evidente. Nesse padrão de exigência, teremos que conceber que o indivíduo, já fragilizado, pois deficientemente assistido pela sua defesa técnica, terá de bater às portas do tribunal, com outro defensor, para requerer a anulação e o refazimento dos atos processuais viciados, onerado com a missão de provar o *prejuízo* à sua defesa, isso sem que o próprio STF tenha claramente definido o que se entende como tal. Essa dificuldade de ordem prática foi percebida em alguns julgados, tendo-se atribuído a esse ônus o *status* de "prova impossível".[213]

Além disso, um elemento de realidade nos sugere que o advogado que performa de modo deficiente dificilmente irá provocar o tribunal a reconhecer suas próprias falhas funcionais.[214] Ilustrativa, a propósito, é a situação do réu que foi acompanhado na audiência de instrução por estagiário, e, em momento processual subsequente, o advoga-

---

[213] A expressão *prova impossível* foi utilizada, ao menos, em duas oportunidades pelo Ministro Sepúlveda Pertence. Em caso no qual não houve sustentação oral do defensor: "Sustentação oral frustrada pela ausência de intimação da pauta de julgamento: demonstração de prejuízo: prova impossível. Frustrado o direito da parte à sustentação oral, nulo o julgamento, não cabendo reclamar, a título de demonstração de prejuízo, a prova impossível de que, se utilizada aquela oportunidade legal de defesa, outra teria sido a decisão do recurso". (STF – HC 85.443, Rel. Min. Sepúlveda Pertence, j. 19/04/2005). Em caso de paciente defendido por advogado com a inscrição na OAB cancelada: "se é certo que o réu foi condenado, não cabe imputar-lhe o ônus da prova impossível de que mais favorável teria sido o destino do processo, se a sua defesa tivesse tocado a profissional legalmente habilitado (...)". (STF – HC 68.906, Redator para o acórdão Min. Ilmar Galvão, j. 12/11/1991). A expressão foi também apanhada pelo Ministro Carlos Ayres Britto, tratando da "prova do prejuízo" nos casos em que a defesa deixa de se manifestar, nos termos do art. 38 da antiga lei de drogas (Lei 10.409/2002): "em que pesem manifestações desta Casa Constitucional Brasileira no sentido da necessidade de demonstração de prejuízo (...) penso que, em casos como o presente, é muito difícil, senão impossível, a produção da prova do prejuízo. Afinal, como provar que a peça defensiva influenciaria o Juízo processante nesse ou naquele sentido?" (STF – HC 103.094, Rel. Min. Ayres Britto, j. 02/08/2011).

[214] "Sendo a nulidade relativa, ela deve ser arguida para poder ser reconhecida. (...) Suponha-se, por exemplo, que as razões fossem apresentadas e ali não se arguisse qualquer nulidade. Na verdade, essa é, provavelmente, a hipótese mais comum, pois, afinal, como se pode esperar que o próprio defensor, que durante o decorrer do processo, agiu de forma deficiente, vá pedir que o tribunal reconheça sua própria deficiência? Provavelmente, ele próprio não a reconhece!". SZAFIR, Alexandra. "Jurisprudência comentada: deficiência de defesa". *Revista Brasileira de Ciências Criminais*, n. 45, 2003, p. 303

do habilitado "não arguiu a nulidade daquela assentada", pois "não viu no ato qualquer prejuízo". Nesse contexto, decidiu a Corte que a nulidade estaria "sanada" (STF – HC 61.401, Rel. Min. Francisco Rezek, j. 07/02/1984).

Em igual sentido, o caso de defensor que não compareceu às audiências de instrução, tendo o Ministro Rafael Mayer observado: "não me impressiona a alegação de que tais fatos não tenham sido invocados na oportunidade das alegações finais (...). Não haveriam mesmo de sê-lo, pois são, em substância, falhas da defesa, quiçá falhas funcionais, que não é de se esperar sejam acusadas" (STF – RHC 60.606, Rel. Min. Rafael Mayer, j. 10/05/1983).

A mesma percepção foi externada pelo Ministro Marco Aurélio, em julgado posterior, referindo-se especificamente à metodologia da Súmula 523: "não endosso a óptica do Superior, segundo o qual essa espécie de nulidade é relativa. O próprio defensor não a, efetivamente, arguirá" (STF – HC 97.413, Rel. Min. Dias Toffoli, j. 24/11/2009).

5.3. Caminhos para a consolidação do direito à defesa penal efetiva

Há mais de cinquenta anos sob a orientação da Súmula 523, o STF não construiu um *standard* mínimo de defesa, abaixo do qual o direito fundamental se poderia considerar violado. Ao contrário: ao anexar um novo elemento – demonstração de "prejuízo" – para o reconhecimento da vulneração ao direito de defesa, acabou ordinarizando a discussão em torno de sua efetividade, deslocando seu eixo central, fazendo migrar para a dogmática do processo (teoria das nulidades) uma questão eminentemente constitucional, própria da teoria dos direitos fundamentais.

Na medida em que os pronunciamentos judiciais à base do verbete oscilaram de maneira desordenada, desenhou-se um cenário de insegurança jurídica, caracterizado, na expressão de Humberto Ávila, pela ininteligibilidade e inconfiabilidade dos critérios de decisão[215] – naquilo que Canotilho denomina *metodologia fuzzy*.[216]

É nessa perspectiva que – conforme já apontara Malan – a Súmula 523 está a merecer cancelamento, pois, manejando conceitos inadequados, "não fornece standards satisfatórios para aferição da efetividade da defesa técnica",[217] servindo apenas de "artifício retórico para justificar a ausência de declaração de nulidade em praticamente todos os casos de alegação de falta de efetividade da defesa técnica".[218]

Por outro lado, recolhem-se, nesse período, inúmeras decisões prestigiosas ao direito de defesa que, para tanto, *não fizeram uso* do mecanismo engendrado na Súmula 523, porque efetivamente desnecessária à avaliação de malferimento ao direito fundamental. São julgados que traçam uma linha direta entre o caso concreto (em que apurada a deficiência de defesa) e a Constituição. Exemplificativamente:

(i) o STF analisou a atuação profissional de advogado que "teve desempenho simplesmente formal" e "postura contemplativa" no curso da instrução, apresentando alegações finais "pobre na análise dos elementos dos autos". Em seu voto, sem fazer qualquer referência à Súmula 523, o Ministro Marco Aurélio pontuou: "(...) tenho como nulo o processo, a partir do momento em que deveria ter sido iniciado o patrocínio técnico efetivo no juízo penal e não o foi e, portanto, desde a defesa prévia. (...) É como voto na espécie, salientando a atuação pedagógica do Supremo Tribunal Federal em prol da preservação do respeito às garantias fundamentais dentre as quais exsurge, em nível insuplantável, a referente ao devido processo legal, viabi-

---

[215] ÁVILA, Humberto, *Segurança Jurídica: entre permanência, mudança e realização no Direito Tributário*, São Paulo: Malheiros, 2012.

[216] CANOTILHO, J. J. Gomes, *Estudos...*, p. 99.

[217] MALAN, Diogo, Advocacia Criminal e Defesa Técnica Efetiva, *Consultor Jurídico*, 07/10/2020.

[218] MALAN, Diogo, "Defesa técnica e seus consectários lógicos na Carta Política de 1988". In: PRADO, Geraldo; MALAN, Diogo (org.). *Processo Penal e democracia: estudos em homenagem aos 20 anos da Constituição da República de 1988*. Rio de Janeiro: Lumen Juris, 2009. p. 163.

lizada a ampla defesa" (STF – HC 71.961, Rel. Min. Marco Aurélio, j. 06/12/1994);

(ii) em processo criminal no qual a defesa foi inteiramente exercida por estagiários do Serviço de Assistência Judiciária do Conselho Penitenciário do Distrito Federal, o Ministro Néri da Silveira assentou que "a ordem democrática definida na Constituição de 1988 não se compatibiliza com o prosseguimento de processos criminais em que os réus tenham apenas uma defesa meramente formal, impondo-se ao Estado garanta aos acusados defesa real por profissionais efetivamente habilitados, se pobres não tiverem recursos para constituir advogado". Nos fundamentos constantes do voto não há qualquer menção à Súmula nº 523 (STF – HC 74.448, Rel. Min. Néri da Silveira, j. 12/11/1996);

(iii) em impetração que veiculava a insuficiência de defesa técnica desempenhada por advogado que, nomeado apenas dois dias antes da sessão de julgamento pelo Tribunal do Júri, e nem sequer postulou o adiamento do ato, gerando em "uma confluência de fatores que prejudicaram a defesa material do paciente", o Ministro Marco Aurélio, mesmo sem menção à Súmula 523, destacou "a distância da defesa implementada do que admitido e exigido pela ordem jurídica em vigor", concluindo que "o réu esteve indefeso" e anulando o julgamento (STF – HC 85.969, Rel. Min. Marco Aurélio, j. 04/09/2007);

(iv) igualmente sem a necessidade de se valer da disciplina da Súmula 523, o Ministro Gilmar Mendes reconheceu a nulidade de processo em que o defensor, embora intimado, deixou de praticar atos essenciais à defesa de sua cliente – inércia diante da inversão da ordem de apresentação das alegações finais. Com base no princípio da "proteção judicial efetiva", o Ministro assentou que os direitos de defesa deveriam "assumir máxima efetividade na ordem constitucional", não sendo possível "subordinar o direito de defesa da ora paciente aos efeitos da ausência de apresentação de efetiva defesa técnica" (STF – HC 87.111, Rel. Min. Gilmar Mendes, j. 21/02/2006).

As decisões acima elencadas permitem que delas retiremos duas considerações:

(i) do ponto de vista da *aferição* da deficiência da defesa, as situações relacionadas apontam, explícita ou implicitamente, para uma atuação profissional desatenciosa com os deveres de *empenho, técnica* e *diligência (zelo)*, parâmetros deontológicos da advocacia que se habilitam a servir como balizadores para o circunstancial reconhecimento da *defesa deficiente*;

(ii) do ponto de vista de atribuição de *efeitos normativos* à defesa deficiente, os precedentes demonstram que é jurídica e argumentativamente possível, no atual marco constitucional, superar o déficit de proteção gerado pela Súmula 523 do STF, abandonando os imprecisos critérios de *"falta"* ou *"deficiência"* de defesa e *"prejuízo"*, substituindo-os por uma consistente compreensão das funções normativas originadas dos direitos fundamentais (deveres de respeito e proteção), observado o *standard* de realização que lhes é imposto pela Constituição.

Nesse plano de constatação, haveríamos de caminhar no sentido de retirar do acusado o ônus de provar o suposto "prejuízo" decorrente da vulneração de seu direito de defesa, estabelecendo que para o reconhecimento dessa violação seria o bastante o diagnóstico, no caso concreto, acerca da deficiência na prestação defensiva – facultando-se ao Estado, eventualmente, a demonstração contrária, no sentido da inexistência de qualquer prejuízo apto a justificar a invalidação do(s) ato(s) processual(is).

A pesquisa empreendida nos convida, ao final, a uma *mirada europeia*, a propugnar, como padrão de referência, pelo modelo consubstanciado na jurisprudência do Tribunal Europeu de Direitos Humanos, a partir da doutrina *Artico*, no que afasta, para o reconhecimento da violação ao direito de defesa, a exigência de que o acusado faça "prova" do "efetivo prejuízo" sofrido – expressão de baixa concreção normativa, sujeita a uma demonstração improvável, senão impossível:

(a) em *Artico v. Itália* (1980), o Tribunal decidiu pela desnecessidade de o acusado provar o prejuízo suportado em decorrência de uma defesa deficiente. No ponto, o governo italiano sustentara a tese de que a violação ao direito de defesa somente ocorreria se comprovado o "efetivo prejuízo" ao reclamante. O argumento foi expressamente rechaçado pelo Tribunal, que foi explícito em apontar que a existência de uma violação é concebível mesmo na ausência de prejuízo (*even in the absence of prejudice*);[219]

(b) em *Alimena v. Itália* (1991) o Tribunal reafirmaria sua compreensão. Ao passo em que o argumento utilizado pelo governo italiano foi precisamente o de que o requerente não sofrera qualquer prejuízo decorrente da ineficácia defensiva, porquanto as provas reunidas no processo alegadamente não oportunizariam um resultado mais benéfico ao acusado mesmo que estivesse acompanhado de um advogado diligente, o Tribunal assentou que a violação à garantia de defesa é reconhecível independentemente da comprovação de *prejuízo* (*even where no damage arises*);[220]

(c) adicionalmente, em *Sannino v. Itália* (2006), o Tribunal indicaria que, mesmo na ausência de arguição do acusado acerca da insuficiência de sua defesa junto ao juízo de origem (no caso, fora representado por defensores diversos em cada ato processual), essa omissão *não* dispensaria o Estado de tomar as medidas necessárias para garantir a eficácia do direito de defesa do acusado.[221]

---

[219] TEDH – *Artico v.* Itália, j. 13/05/1980: "(...) the Government are asking for the impossible since it cannot be proved beyond all doubt that a substitute for Mr. Della Rocca would have pleaded statutory limitation and would have convinced the Court of Cassation when the applicant did not succeed in doing so. (...) Above all, there is nothing in Article 6 par. 3 (c) (art. 6-3-c) indicating that such proof is necessary; an interpretation that introduced this requirement into the sub-paragraph would deprive it in large measure of its substance. More generally, the existence of a violation is conceivable even in the absence of prejudice (...)".

[220] TEDH – *Alimena v.* Itália, j. 19/02/1991: "The Court notes in the first place that a violation of the Convention is conceivable even where no damage arises". No mesmo sentido: TEDH – *Daud v.* Portugal, j. 21/04/1998; TEDH – *Panasenko v.* Portugal, j. 22/07/2008.

[221] TEDH – *Sannino v.* Itália, j. 13/09/2006: "(...) However, the Court considers that the applicant's conduct could not of itself relieve the authorities of their obligation to take steps to guarantee the effectiveness of the accused's defence. (...) Accordingly, there has been a violation of Article 6 of the Convention".

Síntese conclusiva

Equalizando as questões acima lançadas, alinhamos as seguintes considerações, a modo de síntese:

1. A configuração de um direito fundamental – a exemplo do direito de defesa – deve partir de coordenadas constitucionais. É precisamente da Constituição – e da dogmática constitucional – que se extraem os *elementos constitutivos* essenciais do direito, seu *conteúdo mínimo*, as *funções* que cumpre e os *efeitos* que projeta sobre a totalidade do ordenamento jurídico, notadamente sobre a atuação dos Poderes Públicos que a ele se vinculam por uma relação de respeito e proteção.

2. A efetividade do direito de defesa – compreendido como a tutela jurídica da liberdade, em suas diversas formas de manifestação no ambiente do processo penal – pressupõe a ampla disponibilização e o efetivo aproveitamento – em sentido formal *e material* – dos meios e recursos reputados adequados e necessários ao seu exercício.

3. Esse *standard* de realização do direito de defesa (defesa penal *efetiva*) encontra duas ameaças diretas: (i) o Estado, por meio de seus agentes, no que promovam restrições ilegítimas à defesa (defesa restringida); (ii) o próprio advogado, no que revele, no exercício da prestação defensiva, uma atuação deficiente, abaixo do que exijam a deontologia profissional e as circunstâncias do caso (defesa deficiente).

4. Em ambas as situações, o Poder Judiciário tem um papel assecuratório a cumprir, removendo os obstáculos

impostos ao exercício do direito. Compete aos juízes, em última análise, dar eficácia real ao direito de defesa, garantindo sua concretização em obediência às funções normativas de *defesa* (correspondente a um dever de abstenção de intervenção na área de proteção do direito fundamental) e *prestação* (correspondente a um dever de proteção do direito, adotando medidas tendentes a assegurar que a defesa se exerça dentro de um padrão mínimo de atuação profissional) que emanam de sua natureza jusfundamental.

5. O direito de defesa não se compatibiliza com a compreensão jurisprudencial que subordina o reconhecimento de sua vulneração à prova do "prejuízo" decorrente da prestação defensiva deficiente – ou, ainda pior, à prova de "prejuízo efetivo", uma clara inversão semântica que faz migrar o exame de *efetividade* do âmbito de realização do direito para o espectro de sua violação.

6. Ao sujeitar as consequências jurídicas de uma defesa reconhecidamente deficiente a um critério externo e indeterminado ("prejuízo"), a jurisprudência, ao tempo em que renunciou a proclamar de imediato a violação ao direito de defesa, abriu um largo espaço à manipulação discricionária do que seja, propriamente, esse "prejuízo". Ao longo do período de vigência da Súmula 523 do STF, não se constituiu um sentido claro ou um critério evidenciável para a aferição do que seja esse "prejuízo". Portanto, não sabemos, *a priori* – nem os juízes, menos ainda o indivíduo titular do direito fundamental –, o que deve ser provado para o efeito de restaurar a situação processual do assistido deficientemente defendido.

7. A superação desse modelo requer que a dogmática jurídica e a jurisprudência assumam, no específico setor, uma postura argumentativa por meio da qual o conteúdo da norma jusfundamental seja orientado por critérios escrutináveis, em ordem a propiciar ao cidadão um controle racional da arbitrariedade argumentativa (Ávila), incrementando a controlabilidade judicial sobre a deficiência de defesa.

8. Nessa linha, a não passar pela revogação do enunciado, o único modo de "salvar" a Súmula 523 do STF, no sentido de conformá-la a um ambiente jurídico-constitucional deferente com a garantia dos direitos, se daria mediante a inversão do ônus argumentativo em torno do "prejuízo". Ou seja: apontada pelo acusado a deficiência na prestação defensiva, ou mesmo diagnosticada essa situação pelo juiz, caberia ao Estado (acusação), a efeitos de afastar o juízo de invalidade pautada na deficiência defensiva, o dever de provar que da violação ao direito individual não tenha resultado qualquer prejuízo ao acusado.

9. Fora desse perímetro argumentativo, a Súmula 523 do STF seguirá se impondo como uma intervenção injustificada no âmbito do direito fundamental de defesa, em desafio à normatividade do art. 5º da Constituição, notadamente a partir da conjugação de seus incisos LV (ampla defesa), LIV (devido processo legal) e XXXV (tutela judicial efetiva), no que exigem um *standard* de efetiva proteção dos direitos fundamentais, incompatível com um comportamento tolerante com a deficiência de defesa.

10. Apenas mediante a renovação do marco normativo – registre-se: suscetível de se realizar pela via jurisprudencial – a tutela jurídica da liberdade se consolidará na perspectiva de um direito à defesa penal efetiva. Tudo a apontar, enfim, para aquilo que se apresenta, no âmbito do processo e na sociedade civil dos direitos fundamentais (Canotilho), como nosso maior desafio (Lewis): tornar real o sonho de um vasto e diversificado país em que cada acusado seja defendido por completo, não importando suas condições econômicas.

Referências bibliográficas

ADAMY, Pedro Augustin. *Renúncia a Direito Fundamental*. São Paulo: Malheiros, 2011.

ALBUQUERQUE, Paulo Pinto de. *Comentário do Código de Processo Penal à luz da Constituição da República e da Convenção Europeia dos Direitos do Homem*. Lisboa: Universidade Católica Editora, 2011.

ARAGÓN REYES, Manuel. *Estudios de Derecho Constitucional*. Madrid: Centro de Estúdios Políticos y Constitucionales, 1998.

ARAS, Vladimir. O papel do Ministério Público e o processo penal: o precedente Brady *v.* Maryland e a normativa do Conselho da Europa. Disponível em: <https://vladimiraras.blog>, acesso em 15/12/2020.

ATIENZA, Manuel; MANERO, Juan Ruiz. *Ilícitos Atípicos*. Madrid: Trotta, 2000.

AUDI, Robert (Org.). *The Cambridge Dictionary of Philosophy*. 2. ed. Cambridge University Press, 1999.

ÁVILA, Humberto. *Segurança Jurídica*: Entre permanência, mudança e realização no Direito Tributário. São Paulo: Malheiros, 2012.

——. *Constituição, Liberdade e Interpretação*. São Paulo: Malheiros, 2019.

BADARÓ, Gustavo Henrique. *Processo Penal*. São Paulo: RT, 2015.

BARBOSA, Ruy. *O Dever do Advogado*. Montecristo, 2012.

BARJA DE QUIROGA, López. El Derecho a Guardar Silencio y a No Incriminarse. In: *Derechos Procesales Fundamentales*. Madrid: Consejo General del Poder Judicial, 2004, *in* ORMAZÁBAL SÁNCHEZ, Guillermo, *El Derecho a No Incriminarse*, Madrid: Civitas, 2015.

BARTON, Stephan. *Introducción a la Defensa Penal*. Buenos Aires: Hammurabi, 2015.

BARRETO, Irineu Cabral. *A Convenção Europeia dos Direitos do Homem Anotada*. Coimbra: Wolters Kluwer Portugal – Coimbra Editora, 2010.

BARROSO, Luís Roberto. *O Direito Constitucional e a Efetividade de Suas Normas*. Rio de Janeiro: Renovar, 2009.

BENAVENTE CHORRES, Hesbert. *La aplicación de la teoria del caso y la teoria del delito en el processo acusatório*. Barcelona, Bosh, 2011.

BENTHAM, Jeremy. *Tratado Sobre la Organización Judicial y la Codificación*. Vol. 1, Capítulo XXI, Seccion Primera. Madrid, 1843.

BLUME, John. "It's Like Deja Vu All Over Again: Williams *v.* Taylor, Wiggins *v.* Smith, Rompilla *v.* Beard and a (Partial) Return to the Guidelines Approach to the Effective Assistance of Counsel". *Cornell Law Faculty Publications*, n. 38, 2007.

BOBBIO, Norberto. *A Era dos Direitos*. Rio de Janeiro: Campus, 1992.

——. *Teoria Geral da Política*. Rio de Janeiro: Editora Campus, 2000.

BRIGHT, Stephen B. "Counsel for the poor: The death sentence not for the Worst Crime but for the Worst Lawyer". *The Yale Law Journal*, v. 103, 1994.

BURGER, Warren E. "The Special Skills of Advocacy: Are Specialized Training and Certification of Advocates Essential to Our System of Justice?". *Fordham Law Review*, n. 227, 1973.

CABRAL, Antônio do Passo. "Il Principio del Contraddittorio come diritto d'influenza e dovere di dibattito". *Rivista di Diritto Processuale*, Padova, 2005.

CANOTILHO, J.J. Gomes. *Direito Constitucional e Teoria da Constituição*. 7. ed. Coimbra: Almedina, 2003.

———. *Estudos Sobre Direitos Fundamentais*. 2.ed. Coimbra: Coimbra Editora, 2008.

———; MOREIRA, Vital. *Constituição da República Portuguesa Anotada*, Volume 1. São Paulo: Revista dos Tribunais; Coimbra: Coimbra Editora, 2007.

———; MENDES, Gilmar Ferreira. SARLET, Ingo Wolfgang. STRECK, Lenio Luiz. *Comentários à Constituição do Brasil*. São Paulo: Saraiva, 2013.

CAROCCA PÉREZ, Alex. *Garantía Constitucional de la Defensa Procesal*. Barcelona: J.M. Bosch Editor, 1998.

CHOUKR, Fauzi Hassan. *Assistência Judiciária e Processo Penal*. Cadernos Adenauer, 3, 2000.

FAZZALARI, Elio. *Istituzioni di Diritto Processuale*. VII Edizione, Padova: Cedam, 1996.

FERNANDES, Antônio Scarance. *Processo Penal Constitucional*. São Paulo: RT, 2002.

FELDENS, Luciano. *A Constituição Penal*: A Dupla Face da Proporcionalidade no Controle de Normas Penais. Porto Alegre: Livraria do Advogado, 2006.

———. *Direitos Fundamentais e Direito Penal*. 2. ed. Porto Alegre: Livraria do Advogado, 2012.

———. Ministério Público, Processo Penal e Democracia: Identidade e Desafios, *In:* MALAN, Diogo Rudge; PRADO, Geraldo (Orgs.), *Estudos em Homenagem aos 20 Anos da Constituição da República de 1988*. Rio de Janeiro: Lumen Juris, 2009.

———. TEIXEIRA, Adriano. O Crime de Obstrução de Justiça: Alcance e Limites do Art. 2°, 1°, da Lei 12.850/2013. São Paulo: Marcial Pons, 2020.

FRUMER, Philippe; VILLAVERDE MENÉNDEZ, Ignacio. *La Renunciabilidad de los Derechos Fundamentales y las Libertades Públicas*. Madrid: Fundación Coloquio Juridico Europeu, 2013.

GARRET, Brandon L. *Convicting the Innocent – Where Criminal Prosecutions Go Wrong*. Cambridge – London: Harvard University Press, 2012.

GIANARIA, Fulvio; MITTONE, Alberto. *O Advogado Necessário*. Lisboa: Almedina, 2007 (Prefácio de Gian Carlo Caselli).

GUASTINI, Riccardo. *Le Fonti del Diritto e L`Interpretazione*. Milão: Giuffrè, 1993.

———. *Das Fontes às Normas*. São Paulo: Quartier Latin, 2005.

———. *Interpretar y Argumentar*. Madrid: Centro de Estudios Políticos y Constiucionales, 2017.

GRINOVER, Ada Pellegrini. *Novas Tendências do Direito Processual*. Rio de Janeiro: Forense Universitária, 1990.

HÄBERLE, Peter. *La Garantía del Contenido Esencial de los Derechos Fundamentales*. Madrid: Dyckinson, 2013.

HABERMAS, Jürgen. *O Conceito de Dignidade Humana* – Um Ensaio Sobre a Constituição da Europa. Lisboa: Edições 70, 2012.

HESSE, Konrad. *Temas Fundamentais de Direito Constitucional*. São Paulo: Saraiva, 2009.

INSTITUTO DE DEFESA DO DIREITO DE DEFESA. Liberdade em foco. Redução do uso abusivo da prisão provisória na cidade de São Paulo, 2016. In: *Revista Consultor Jurídico*.

JESUS, Damásio de. *Código Penal Anotado*. São Paulo: Saraiva, 2015.

JIMÉNEZ CAMPO. Javier, *Derechos Fundamentales*: concepto y garantias. Madrid: Trota, 1999.

KANT, Immanuel. *Fundamentação da Metafísica dos Costumes*. Coimbra: Almedina, 2009.

KAUFMANN, Arthur. *Filosofia do Direito*. Lisboa: Fundação Calouste Gulbenkian, 2004.

KELSEN, Hans. *Teoria Pura do Direito*. São Paulo: Martins Fontes, 2ª ed., 1987.

LEWIS, Anthony. *Gideon's Trumpet*. New York: Random House Publishers, 1964.

LLORENTE, Rubio. *A Forma do Poder*. Vol. II, Madrid: Centro de Estudios Políticos y Constitucionales, 2012.

LÔBO, Paulo. *Comentários ao Estatuto da Advocacia*. São Paulo: Saraiva, 2017.

MACCORMICK, Neil. *Retórica y Estado de Derecho*: uma teoria del razonamiento jurídico, Lima: Palestra Editores, 2016.

MARINONI, Luiz Guilherme; ARENHART, Sérgio Cruz; MITIDIERO, Daniel. *Código de Processo Civil Comentado*. São Paulo: RT, 2018.

MALAN, Diogo. *Direito ao Confronto no Processo Penal*. Rio de Janeiro: Lumen Juris, 2009.

——. Defesa Penal Efetiva. In: NUCCI, Guilherme de Souza; MOURA, Maria Thereza Rocha de Assis (Coord.). *Doutrinas Essenciais – Processo Penal*, São Paulo: RT, 2012.

——. Defesa técnica e seus consectários lógicos na Carta Política de 1988. In: PRADO, Geraldo; MALAN, Diogo (org). *Processo Penal e democracia: estudos em homenagem aos 20 anos da Constituição da República de 1988*. Rio de Janeiro: Lumen Juris, 2009.

——. *Advocacia criminal e sua criminalização*. Consultor Jurídico, 18/11/2020.

——. MALAN, Diogo. Megaprocessos criminais e direito de defesa. In: *Revista Brasileira de Ciências Criminais*, vol. 159, p. 45-67, 2019.

——. Advocacia criminal e defesa técnica efetiva. *Consultor Jurídico*, 07/10/2020.

MARTINS, Fernanda V; REZENDE, Guilherme M. Defesa formal v. Defesa substancial. In: *Decisões judiciais nos crimes de roubo em São Paulo*: a Lei, o Direito e a Ideologia. São Paulo: Instituto de Defesa do Direito de Defesa, 2005.

MENDES, Gilmar Ferreira; BRANCO, Paulo Gustavo Gonet. *Curso de Direito Constitucional*. São Paulo: Saraiva, 2011.

MIRANDA, Jorge. *Manual de Direito Constitucional – Tomo IV – Direitos Fundamentais*. Coimbra: Coimbra Editora, 2000.

——. MEDEIROS, Rui. *Constituição Portuguesa Anotada*. Coimbra: Coimbra Editora, 2010.

MOUNK, Yascha. *O Povo Contra a Democracia*. São Paulo: Companhia das Letras, 2019.

MOURA, Maria Thereza Rocha de Assis; BASTOS, Cleunice A. Valentim. Defesa Penal: Direito ou Garantia. In: *Revista Brasileira de Ciências Criminais*, ano 1. n. 4, out-dez. 1993.

ONU – Escritório das Nações Unidas sobre Drogas e Crime (UNODOC). *A condição e o papel dos membros do Ministério Público*: um manual do Escritório das Nações Unidas sobre Drogas e Crime e da Associação Internacional de Procuradores, Brasília: MPF, 2017.

PEREZ LUÑO, Antonio E. *Los Derechos Fundamentales*. Madrid: Tecnos, 2005.

PITOMBO, Antônio Sérgio Altieri. *O inquérito policial, como instrumento da defesa*. Migalhas, 09/06/2020.

——. *Quo Vadis*. Migalhas, 2020. 06/11/2020.

PONTES DE MIRANDA, Francisco Cavalcanti. *Comentários à Constituição de 1946*. Tomo V, Rio de Janeiro: Borsoi, 1960.

PRADO, Geraldo. *Prova Penal e Sistemas de Controle Epistêmicos* – A quebra da cadeia de custódia das provas obtidas por métodos ocultos. São Paulo: Marcial Pons, 2014.

PRIETO SANCHÍS, Luis. *Justicia Constitucional y Derechos Fundamentales*. Madrid: Trotta, 2003.

REALE, Miguel. *Lições Preliminares de Direito*. São Paulo: José Bushatsky Editor, 1973.

REICHELT, Luis Alberto. "Conteúdo e garantia do contraditório". In: *Revista de Processo*, São Paulo, ano 33, 162, 2008.

SARLET, Ingo Wolgang; MARINONI, Luiz Guilherme; MITIDIERO, Daniel. *Curso de Direito Constitucional*. 2. ed. São Paulo: RT, 2012.

SCHWARZER, William. "Dealing with incompetent counsel – The trial judge's role", *Harvard Law Review*, v. 93, n. 4, 1980, p. 649-650.

SCHMITT, Carl. *Teoría de la Constitución*. Alianza Editorial: Madrid, 1982.

SMITH, Abbe; FREEDMAN, Monroe H. *How Can You Represent Those People?* New York: Palgrave MacMillan, 2013.

SOO, Anneli. "An Individual's Right to the Effective Assistance of Counsel versus the Independence of Counsel: What can the Estonian Courts do in Case of Ineffective Assistance of Counsel in Criminal Proceedings? *Juridica International*, XVII, 2010, p. 252-263.

STERN, Klaus. *Derecho del Estado de la Republica Federal Alemana*. Madrid: Centro Estudios Políticos y Constitucionales, 1987.

SZAFIR, Alexandra. "Jurisprudência comentada: deficiência de defesa". In: *Revista Brasileira de Ciências Criminais*, n. 45, 2003.

TARUFFO, Michele. *La motivazione della sentenza civile*. Padova: Cedam, 2002.

TORON, Alberto Zacharias; SZAFIR, Alexandra. *Prerrogativas Profissionais do Advogado*. OAB Editora, 2006.

——. *OAB deve vigiar atos de violação do sigilo*. Consultor Jurídico, 22/03/2010.

VIEIRA DE ANDRADE, José Carlos. *Os Direitos Fundamentais na Constituição Portuguesa de 1976*. 5. ed. Coimbra: Almedina, 2012.

VILLAVERDE MENÉNDEZ, Ignacio, La Renúncia de los Derechos Fundamentales, *In*: FRUMER, Philippe; VILLAVERDE MENÉNDEZ, Ignacio. *La Renunciabilidad de los Derechos Fundamentales y las Libertades Públicas*. Madrid: Fundación Coloquio Juridico Europeu, 2013.

WAMBIER, Teresa Arruda Alvim. "A influência do contraditório na convicção do juiz: fundamentação de sentença e de acórdão". In: *Revista de Processo*, n. 168, fev/2009.

WOLTER, Jürgen; GRECO, Luís (org.). *O inviolável e o intocável no direito processual penal*. São Paulo: Marcial Pons, 2018.

WORLD JUSTICE PROJECT. *Rule of Law Index*. Washington, D.C. Disponível em: <www.worldjusticeproject.org>.

YAROSHEFSKY, Ellen. "Duty of outrage: The defense lawyer's obligation to speak truth to power to the prosecutor and the court when the criminal system is injust". *Hofstra Law Review*, n. 44, v. 4, 2016.

ZAGREBELSKI, Gustavo. *A Crucificação e a Democracia*. São Paulo: Saraiva, 2010.